MEDARDO MEJÍA
LA AHORCANCINA

LA AHORCANCINA
Medardo Mejía

©Editorial Erandique
Supervisión Editorial: Óscar Flores López
Diseño de portada: Andrea Rodríguez-Lilyana Gálvez
Administración: Tesla Rodas y Jéssica Cordero
Levantamiento de texto: Zona Creativa
Director Ejecutivo: José Azcona Bocock

Instagram: coleccionerandique
Facebook: Colección Erandique

Primera Edición
Tegucigalpa, Honduras-Mayo de 2024

ÍNDICE

A 139 AÑOS DE LA AHORCANCINA 7
ACLARACIÓN 11
PERSONAJES 13
PRIMER ACTO: EN MANTO 15
SEGUNDO ACTO: EN COMAYAGUA 29
TERCER ACTO: EL EJÉRCITO DE OLANCHO 47
CUARTO ACTO: LA REVOLUCIÓN 71
QUINTO ACTO: EL TERROR 91
SEXTO ACTO: EL CONTRA-TERROR 111

A 139 AÑOS DE LA AHORCANCINA

Muerto Morazán, Centro América es el corral donde cacarean los gallitos conservadores. Nubarrones oscuros cubren los pedazos de lo que fue la Federación.

Sin Valle y sin el vencedor de La Trinidad, Gualcho, San Pedro Perulapán y otras batallas, la región pierde ideas y luces… y la voluntad de crear una nación grande y fuerte.

Son los tiempos del indio Rafael Carrera, el Racacarraca guatemalteco; de Francisco Ferrera, de José María Medina, Medinón, presidente de Honduras.

Medinón, borracho de poder y de alcohol, toma una decisión fatal: imponer de nuevo los diezmos y primicias a beneficio de la iglesia.

Esto significaba que cada persona debía entregar el diez por ciento de sus cosechas o ventas, y tributar con ganado, frutas, verduras…

Los pueblos de Olancho se rebelaron. Encabezados por Serapio Romero, alias Cinchonero, iniciaron la insurrección popular. Entonces, Medinón decidió encabezar el ejército gubernamental y cometer lo que muchos historiadores han catalogado como un genocidio.

Marco Aurelio Soto, que pondría fin a las andanzas de Medinón ordenando su fusilamiento en 1878, trece años después de La Ahorcancina, le aseguraría al poeta Froylán Turcios, que "fueron más de mil 200 las personas que murieron en la Ahorcancina".

Medardo Mejía, el recordado historiador, investigador, escritor, poeta, dramaturgo y periodista, nacido en Manto, uno de los pueblos arrasados por Medinón, rescató este doloroso suceso en una obra inmortal: Los diezmos de Olancho.

Dividida en tres libros que Colección Erandique publicará (La Ahorcancina, Cinchonero y Medinón), la obra ha sido relegada al olvido, cuando debería ser un texto obligatorio en escuelas y colegios públicos y privados del país.

Gracias a la autorización de doña Victoria Mejía, hija de don Medardo, quien nos otorgó el derecho de publicar toda la producción literaria de su padre, Los diezmos de Olancho regresan a las librerías del país.

¡Qué bello sería que en las escuelas y colegios montaran obras teatrales basadas en Los diezmos de Olancho!

Esta primera parte (La Ahorcancina) narra cómo los pueblos de Olancho se organizaron contra el gobierno y cómo Medinón, un presidente mujeriego, bebedor y sin escrúpulos, ordena un masivo fusilamiento y los ahorcamientos de los rebeldes.

El libro finaliza con el surgimiento de un nuevo líder popular: Cinchonero y deja abierta la puerta de la curiosidad para el segundo tomo, donde Medardo Mejía cuenta, con su estilo inconfundible, quién era Serapio Romero.

El tercer y último tomo, Medinón, trata sobre el déspota que fue presidente en siete ocasiones (de facto, provisional y constitucional).

Como supervisor editorial de Colección Erandique, he disfrutado este proyecto literario de Los Diezmos de Olancho.

Es un libros que vale la pena que los hondureños conozcamos.

Agradezco infinitamente a doña Victoria Mejía por su generosidad y al Ingeniero José Azcona Bocock por crear este proyecto sin fines de lucro (Colección Erandique), que busca rescatar obras que ayuden a los hondureños a recuperar la memoria histórica; y preservar textos antiguos, periódicos y revistas, a través de su digitalización y publicación.

Los invito a leer La Ahorcancina… y posteriormente Cinchonero y Medinón.

Estoy seguro que disfrutarán las tres lecturas.

ÓSCAR FLORES LÓPEZ
Editor Colección Erandique

DEDICATORIA

A dos amigos en Juticalpa:

LEANDRO B. OCHOA Y ROSITA HERNANDEZ DE OCHOA.

ACLARACIÓN

La trilogía Los Diezmos de Olancho está compuesta por los dramas La Ahorcancina, Cinchonero y Medinón.

Son dramas populares por el tumultuoso devenir nacional. El autor los ha copiado de la realidad nacional y los ha adaptado a la escena, con ciertas pinceladas imaginativas, sin hacer caso a las reglas del arte dramático que al ser observadas limitarían la acción horrenda.

Acaso les vendría mejor el cine por su amplitud.

Contienen la espantosa guerra nacional de 1864 a 1868 contra los tributos coloniales de la Iglesia y del Estado. Entre tanto, los diezmos fueron suspendidos por Morazán en el Convenio de las Vueltas del Ocote en 1830, en beneficio de los habitantes de Olancho, y por el Congreso Federal en 1832; restablecidos por Francisco Ferrera en 1841; cobrados por José Santos Guardiola en favor del Fisco, a raíz de la "Guerra de los Padres", en torno a 1860; devueltos a la Iglesia por José María Medina en 1864, y finalmente eliminados por la reforma de Marco Aurelio Soto que empezó en 1876.

La lucha más encarnizada contra los diezmos se libró en Olancho a lo largo del Siglo XIX. Destrozada definitivamente la República Federal en 1842, y derribado el Gobierno progresista del general Trinidad Cabañas en 1855, apareció el bandolerismo feudal y anglófilo que retuvo el poder con personajes sin entrañas durante 21 años y que no tenían más métodos de gobierno que el crimen individual y colectivo. En ese largo período hubo contadas excepciones, como los relámpagos en medio de la noche espesa.

En La Ahorcancina que ofrecemos desfilan personajes recios como los robles y que si antes, por llevar una venda en los ojos, sirvieron a los gobiernos del bandolerismo, posteriormente, arrancándose la venda, se dieron cuenta que siendo hijos del pueblo debían apoyar las reivindicaciones populares y llegar a la muerte por ellas. En este drama aparecen la situación de los campesinos olanchanos en la década de los 60, las sombras de los mártires Bernabé Antúnez y Francisco Zavala, asesinados el 65, el perfil de Serapio Romero, Cinchonero, que ocasionó un nuevo levantamiento campesino en el 68, y la imagen endeble y heroica del Alcalde de Manto, José María Rosales, quien en la sala del cabildo tuvo el valor de enfrentarse con José María Medina, borracho, brutal y Presidente de la República, para más señas.

Disculpen algunas personas una que otra mención de esas ascendientes en la trama dramática, porque Honduras no se salva nadie. También nosotros tenemos parecidos ascendientes que fueron víctimas de aquella hecatombe. Además, si se recuerda aquello es para mejoraros hoy y que se compense el pasado odioso con floraciones de civilización y de cultura.

La tremenda Ahorcancina cumplió un siglo en agosto de 1965. La trilogía de "Los diezmos de Olancho" es un recordatorio de aquel bárbaro acontecimiento.

PERSONAJES

JOSÉ MARÍA ROSALES: Alcalde Municipal de Manto.
GRAL. FRANCISCO ZAVALA: Vecino de Manto.
GRAL. BERNABÉ ANTÚNEZ: Vecino de Yocón.
SERAPIO ROMERO (a) **CINCHONERO:** Vecino de Guarizama.
CIRILO MENDOZA: Vecino de San Francisco de la Paz.
JOSÉ MARÍA SEVILLA: Secretario Municipal de Manto.
MARÍA FELIPA SEVILLA: Esposa del General Zavala.
ENGRACIA ARAQUE : Mujer del Pueblo de Manto.
PUEBLO OLANCHANO: Hombres y mujeres, civiles y militares, indios, negros y mestizos, pequeños propietarios y personajes acaudalados.
GRAL. JOSÉ MARÍA MEDINA (a) MEDINÓN: Presidente de la República.
GRAL. JUAN ANTONIO MEDINA: Brazo derecho de Medinón. Llamado Medinita.
GRAL. JUAN LÓPEZ: Jefe Militar.
CRESCENCIO GÓMEZ: Ministro.
JUAN VILARDEBÓ Y MORET: Gran latifundista y ganadero de Manto, Olancho.
TATA DIOS: Confidente de Medinón.
MARIANA MILLA DE MEDINA: Esposa de Medinón.
TRÁNSITO LICONA: Amante de Medinón.
"ARISTOCRACIA" DE COMAYAGUA: Señorones y señoronas, crinolinas y barbilindos en la corte presidencial de Medinón.
OTROS PERSONAJES: Hombres y mujeres, civiles y militares, esbirros y verdugos, confidentes y traidores.

PRIMER ACTO: EN MANTO

Una gran sala en la casa colonial del general Francisco Zavala. Tan grande, que dicen los vecinos es igual a la del cabildo. Una gran mesa, muchas sillas y armarios como en la casa consistorial. El general Zavala tiene mucho pueblo, y gusta que sus visitantes descansen cómodamente.

El célebre militar conversa con su esposa, doña María Felipa Sevilla.

DOÑA MARÍA FELIPA. *(Impulsiva)*. Olancho es pacífico, pero los tributos lo empujan a las rebeliones...

GENERAL ZAVALA. *(Señalando la mesa de libros)*. Allí en esos libros de mi juventud hay uno de Aristóteles en el que se dice que las revoluciones tienen causa y se producen por naderías...

DOÑA MARÍA FELIPA. ¿Quieres decir que la de Olancho puede empezar por la muerte del capitán Espinoza?

GENERAL ZAVALA. Sí, María Felipa. No tardan en mandar otra escolta a capturarme. En la captura, puedo perder la vida. Entonces, hay que salirles adelante...

DONA MARÍA FELIPA. Varias mujeres vinieron a decirme cómo había sido el molote con el capitán. Está muerto, y en paz descanse, pero era un bandido...

GENERAL ZAVALA. Arriba hay otro bandido mayor, el general Medina, quien a una solicitud ciudadana que suspenda los tributos que habían quitado Guardiola y Morazán, responde con la cárcel para los delegados...

DOÑA MARÍA FELIPA. Y arriba de él hay otro, bien lo sabes, Carrera de Guatemala, quien a su vez respira por las narices de los ingleses...

GENERAL ZAVALA. Ciertamente, eres aguda. Los ingleses van a empezar la política de los ferrocarriles en estos países, que de un lado es progreso y de otro lado es colonia...

DOÑA MARÍA FELIPA. En cuya empresa se alían con los curas, a quienes satisfacen con los diezmos y las primicias...

GENERAL ZAVALA. Son las ideas de tu padre, don Ubaldo..

DOÑA MARÍA FELIPA. Las hemos discutido en familia; nos gusta discutir las cosas, y tanto mi padre como Salomón y José María están de acuerdo. Murmuran de ellos las gentes porque son librepensadores, pero es el libre pensamiento el que aclara los ojos...

GENERAL ZAVALA. No me canso de adorarte. Eres una gran mujer... Mi compadre Juan Valdez te va a llevar a la montaña con las muchachas y los niños...

Tocan la puerta. El general Zavala va a abrirla. Regresa abrazado con el general Bernabé Antúnez.

GENERAL ANTÚNEZ. (Saludando a doña María Felipa). Señora, mis respetos... Le traigo cariñosos saludos de mi esposa y de mis hijos...

DOÑA MARÍA FELIPA. (Extendiéndole la mano). General Antúnez, sea bienvenido a esta casa... Muchas gracias por los cariñosos saludos de su familia... Ya conoce mi estimación para su esposa y sus hijos... Tenga la bondad de sentarse...

Se sientan los generales.

GENERAL ANTÚNEZ. ¿Novedades del lugar...?
GENERAL ZAVALA. Nada más y nada menos que el clima revolucionario...
GENERAL ANTÚNEZ. ¿Qué piensa usted...?
GENERAL ZAVALA. Como piensan los cirujanos cuando hay un miembro gangrenado...
GENERAL ANTÚNEZ. *(Dirigiéndose a doña María Felipa).* ¿Y la señora...?
DOÑA MARÍA FELIPA. *(Levantándose).* A mal tiempo, buena cara, general... Francisco piensa bien, y nunca estoy en desacuerdo con él... Pero me va a perdonar que los deje... Voy a ver qué les preparo. Con permiso.

El general Antúnez se inclina. Doña María Felipa sale.

GENERAL ZAVALA. ¿Ha recibido noticias...?
GENERAL ANTÚNEZ. *(Sacando de la bolsa interna una carta que le da al general Zavala).* He recibido una carta del general Florencio Xatruch....Léala, y me da su opinión.

El general Zavala lee la carta. La vuelve a leer. Se la entrega al general ANTÚNEZ.

GENERAL ZAVALA. Xatruch es un valiente. Se portó bien en Nicaragua. De su nombre difícil nos viene el nombre de catrachos. Pero, general Antúnez, permítame que le diga: Xatruch es un ingenuo...
GENERAL ANTÚNEZ. ¿Por qué?
GENERAL ZAVALA. El Presidente Dueñas de El Salvador está jugando con él como el gato con el ratón. Dueñas le ofrece a Xatruch que le ayudará a botar a Medina, Xatruch piensa en la invasión por la frontera y en el levantamiento de Olancho, porque a dos puyas no hay toro valiente. ¿Pero si la operación de Dueñas solo fuera para atemorizar a Medina...?
GENERAL ANTÚNEZ. Dueñas sueña en un frente salvadoreño-hondureño contra Carrera, que no piensa organizar con Medina y sí con Xatruch... La verdad es que en la actualidad existe un frente guatemalteco-hondureño contra Dueñas... Carrera y Medina son los Rómulo y Remo pegados a las tetas de la misma loba romana de hoy, Inglaterra...
GENERAL ZAVALA. Muy bien, general, usted conoce al dedillo la política internacional. ¿Pero quién le responde que Dueñas solo quiera quitar al Rómulo o a Remo para situarse él debajo de la ubre...?

Ríen los generales.

GENERAL ANTÚNEZ. General, solo quiero hacerle una observación sin base. No olvide la política de las potencias anglosajonas en Centro-América. Tal vez, allá en las profundidades, el beato Dueñas llegara a ser un peón de la política de los Estados Unidos...
GENERAL ZAVALA. Es una fina observación la suya. En ese caso, la revolución de Olancho debe ser libre, soberana, independiente...
GENERAL ANTÚNEZ. Y al diablo con los Dueñas y los Xatruch.
GENERAL ZAVALA. Y al diablo con los Medina y los Carrera...

GENERAL ANTÚNEZ. Y con la Inglaterra y los posibles Estados Unidos...

Vuelven a reír de buena gana.

GENERAL ZAVALA. ¿Y la razón inmediata del alzamiento...?
GENERAL ANTÚNEZ. General Zavala... nos han encarcelado en Comayagua por haber ido a pedir la abolición de los diezmos y las primicias de Olancho, que ya no resiste el pueblo olanchano ni resiste la República.
GENERAL ZAVALA. ¿Y el pretexto...?
GENERAL ANTÚNEZ. General, a usted han querido matarlo a cuchillo y a mí me han querido envenenar... Además, la tiranía se acentúa... No hay pueblo donde no asesinen cristianos...
GENERAL ZAVALA. Pues manos a la obra, general Antúnez. Ya mando a mi mujer con los hijos a las montañas de Guata...
GENERAL ANTÚNEZ. Ahora bosquejemos la organización, pensemos en las armas y en todo lo que concierne en estos menesteres...

Entra doña María Felipa seguida de una adolescente. El general ANTÚNEZ atrae a la niña y la acaricia.

GENERAL ANTÚNEZ: Si ya está grande... Ya no es una pequeña... Tampoco está muy crecida... Ni es una niña ni es una señorita; es una señoritinga...

Ríen doña María Felipa y el general Zavala. Ramona hace un mohín.

DOÑA MARÍA FELIPA. Pasen al comedor, que allá van a estar mejor... Tú, Ramona, te quedas en la sala para que abras la puerta si la tocan...

Se van los mayores. Queda la pequeña. Toma un libro se sienta a hojearlo.

Tocan la puerta. Ramona deja el libro y va a abriría. Regresa seguida de un hombre de presencia campesina, con el sombrero en la mano y una vara con borlas.

RAMONA. Siéntese, señor Alcalde.
EL ALCALDE. *(En tono regañón).* Muchacha vieja, ¿ya no sabés como me llamo? ¿No sabés que soy José María Rosales, Señor José María o José María secas...?
RAMONA. Mi mamá me ha ordenado que le diga señor Alcalde por ser autoridad.
ALCALDE ROSALES. En eso tenés razón... Pero Alcalde solo soy dos años, mientras que José María Rosales soy toda la perra vida... Andá, traeme agua que me muero de sé...

Sale Ramona a traer el agua. Se sienta el Alcalde Rosales. Pone el sombrero en el piso y se apoya en la vara con borlas. Regresa Ramona con una jícara llena de agua. El Alcalde Rosales la toma y la bebe a grandes tragos. Se limpia con el dorso de la misma mano. Le entrega la jícara a Ramona.

RAMONA. ¿Quiere más..?
ALCALDE ROSALES. Ya no, gracias...Me hubieras traído un pedazo de dulce...
RAMONA. ¿Lo quiere...?
ALCALDE ROSALES. Vea lo quiere... Y ahora para qué, si ya bebí agua...

Sale Ramona a dejar la jícara, vuelve y se sienta.

RAMONA. ¿A quién quería hablar...?
ALCALDE ROSALES. A tu tata...
RAMONA. ¿A mi papá...?
ALCALDE ROSALES. La inglesa que ya no sabe lo que es tata...
RAMONA. Está ocupado, tiene visita...
ALCALDE ROSALES. ¿Quién es...?
RAMONA. El general Bernabé Antúnez.

19

ALCALDE ROSALES. *(Asustado).* ¡Santo Dios! ¡Zavala con Antúnez! ¡Ya va a empezar la guerra de Olancho contra el Gobierno...!

Tocan la puerta. Ramona va a abrirla. Regresa seguida de tres hombres Saludan al Alcalde Rosales, quien los recibe de pie. Se dan las manos. Se sientan todos.

RAMONA. Voy a avisarle a mi papá que han venido ustedes... *(Sale la pequeña).*
ALCALDE ROSALES. No me huele bien esto... El hijo de Anacleto Romero y Cipriana Munguía, el tal Serapio Romero... El hijo de Pedro Mendoza y Ruperta Paz, el tal Cirilo Mendoza... *(Señala con la boca al tercer personaje).* ¿Y éste quién es...?
SERAPIO ROMERO. Este es músico, maromero, tahúr, cuatrero...
CIRILO MENDOZA. *(Arrebatándole la palabra).* Forzador, brujo, matador y lleno de otros oficios...
SERAPIO ROMERO. *(Arrebatándole la palabra).* Profesiones, mañas y artificios...
ALCALDE ROSALES. *(Con fingido espanto).* Ánimas del Purgatorio… ¿Pero cómo se llama...?
TERCER PERSONAJE. *(Con fingida humildad).* Julián Escobar, alma pura de los cielos...
ALCALDE ROSALES. No ofendás los cielos que allá está Dios, y vos sos un ardido de los infiernos... ¡Si es el hijo de Martín Escobar y de Perfecta Zapata...! Cuando fui arriero me hospedaba en la casa de ellos, y a éste lo conocí chiquito... Levantate que te voy a dar un abrazo...

Ambos hombres se levantan. Se abrazan. Se separan. Se vuelven a sentar.

JULIÁN ESCOBAR. ¿Y qué anda haciendo en la casa del general Zavala...?
ALCALDE ROSALES. *(Siempre en broma).* A tiempo llegan para que me presten auxilio. Ando capturando a Francisco Zavala por la muerte del capitán Espinoza...

JULIÁN ESCOBAR. Pues al que a buen árbol se arrima, buena sombra le cobija. Lo trataremos bien detrás de las rejas, porque Serapio Romero viene a aliviarlo de la pesada carga de la Alcaldía...

SERAPIO ROMERO. *(Con ademán de tomar algo).* Dacia... Dame la vara...

ALCALDE ROSALES. Condenados... Con ustedes no se puede...

Ríen todos.

Aparecen los generales Antúnez y Zavala por la puerta interior. Avanzan con entusiasmo para saludar a los hombres de la sala, quienes los reciben de pie. Se estrechan las manos, y luego se sientan en circulo. Los saludos son los corrientes de la región olanchana, con simpleza campesina.

GENERAL ZAVALA. Sean bienvenidos mis buenos amigos... Los estaba esperando... Y llegan felizmente por la presencia del general Antúnez, quien trae grandes noticias...

GENERAL ANTÚNEZ. Sin preámbulos, nos invitan a levantarnos en Olancho contra el gobierno despótico de Medina, y lo vamos a hacer... Ya saben la que le pasó al general Zavala con el capitán Espinoza...

GENERAL ZAVALA. *(Adelantándose y señalando al general Antúnez).* A él lo quisieron envenenar en un regalo allá en Yocón... No se sabe a ciencia cierta quien lo pretendió, pero existe la presunción de que vino el daño de los interesados en los diezmos...

ALCALDE ROSALES. En Olancho la situación es grave. De todos lados hablan de muertes ocasionadas por el Gobierno y por la Iglesia... Pero si han matado al Presidente Guardiola, ¿qué no pueden hacer con los demás...?

SERAPIO ROMERO. Entre los demás estamos los infelices, porque a mí me echaron un bellaco con quien tuve diferencias en una partida de Trujillo, y me obligó a despacharlo, al extremo que ya ando a salto de mata, anocheciendo aquí y amaneciendo allá...

CIRILO MENDOZA. Yo ya no vivo en San Francisco de la Paz porque me tiraron del monte en la vega del Telica...

ALCALDE ROSALES. *(Se dirige a Julián Escobar).* ¿Y a vos te ha pasado algo...?

JULIÁN ESCOBAR. Hasta ahora, miedo de oír tanta barbaridad...

Sonríen los generales. Ríen los otros.

GENERAL ZAVALA. Conviene proceder con rapidez. Todo está listo para el levantamiento...

GENERAL ANTÚNEZ. Vamos a hacer una revolución en toda regla.

SERAPIO ROMERO. Quiero que me señalen mi puesto.

CIRILO MENDOZA. Y el mío.

JULIÁN ESCOBAR. Y el mío.

ALCALDE ROSALES. Yo estoy viejo, pero también quiero puesto.

JULIÁN ESCOBAR. *(En broma).* ¿Va a dejar la alcaldía...?

GENERAL ZAVALA. *(En serio).* No se la deja a nadie. Desde la Alcaldía. ¿Creen ustedes poco en un Alcalde Revolucionario...?

GENERAL ANTÚNEZ. Desde ahora puede ser el jefe del Gobierno, porque Manto, centro de la revolución es la capital de la República...

ROMERO, MENDOZA Y ESCOBAR. *(A una).* Es verdad... No habíamos caído... Don José María es un personaje...

El Alcalde Rosales, en sorna, se aclara la voz con un pujido; se alegran todos.

Tocan la puerta. Va el general Zavala a abrirla. Regresa seguido de su cuñado el bachiller en Derecho Civil, José María Sevilla. Saluda a la concurrencia con apretones de manos. Y todos, volviéndose a sentar, siguen deliberando.

GENERAL ZAVALA. *(Al bachiller Sevilla).* Cuñado, llega a tiempo. Como le había dicho, vamos a dar el grito insurreccional. Así es que le pedimos nos redacte un acta que sea breve, sencilla para que la entienda todo el mundo y...

BACHILLER SEVILLA. *(Atajándole).* Sin griegos ni latines, me quiere decir... *(sonríe).*

GENERAL ZAVALA. Que contenga el objeto del levantamiento... Eso es... *(Le da una palmadita en la espalda).*

El bachiller Sevilla se sienta ante la gran mesa, saca pluma, tinta y papel de las gavetas y se pone a escribir. Los concurrentes guardan silencio. El Alcalde Rosales extrae un cigarro de la bolsa, se lo pone en la boca, también saca la yesca y el eslabón, hace fuego, enciende el cigarro y se pone a fumar.

JULIÁN ESCOBAR. *(En voz baja a Cirilo Mendoza).* Solo él fuma...
CIRILO MENDOZA. *(A Julián Escobar en voz baja).* Solo uno tiene...
ALCALDE ROSALES. Es que el tabaco está caro y tiene impuesto...
JULIÁN ESCOBAR. Como el aguardiente...
CIRILO MENDOZA. Y la pólvora...
ALCALDE ROSALES. Y todo.

Termina de escribir el bachiller Sevilla. Se levanta y se dirige al grupo.

BACHILLER SEVILLA. Ya está el acta. Es breve, sencilla y contiene el objeto de la revolución. Quiero leerla...

Todos se levantan para oírla de pie.

BACHILLER SEVILLA: "En Manto, a los quince días del mes de abril de mil ochocientos sesenta y cuatro. Nosotros, los abajo firmantes, declaramos que un gobierno que actúa sin justicia, dando leyes que impone arbitrariamente al pueblo, debe ser desobedecido y derribado para ser substituido por un gobierno justo, que dé leyes de la satisfacción del pueblo. Es el caso del gobierno del general José María Medina, que actuando sin justicia, acuerda leyes confiscatorias de la propiedad popular, como es el caso de la ley que rehabilita casi todos los tributos coloniales, entre ellos dos diezmos y las primicias que aumentan inmoderamente la riqueza eclesiástica con mengua de los intereses de los habitantes de la República. Por tanto, la población de Olancho se declara en rebelión contra el gobierno arbitrario del general Medina, lo desconoce como tal desde este momento, establece un Gobierno revolucionario con jurisdicción en toda la República, y exhorta a los habitantes del país para que acuerpen a este Gobierno y se levanten en armas contra la tiranía".

BACHILLER SEVILLA: ¿Está completa el acta, o le faltan puntos...?

GENERAL ZAVALA. Lo que se quiere es un documento para regarlo en la República y hacerlo conocer en el exterior.

GENERAL ANTÚNEZ. Está bien el acta, bachiller Sevilla. No hay que decir palabras demás que pudieran revelar nuestros objetivos profundos. La inocencia del documento es admirable. Lo felicito.

GENERAL ZAVALA. Ahora todos vamos a firmar el acta.

Firman los generales Zavala y Antúnez y en seguida el Alcalde Rosales, Cirilo Mendoza y Julián Escobar. Serapio Romero se queda en su asiento.

ALCALDE ROSALES. Falta el hijo de Anacleto y de Cipriana...

SERAPIO ROMERO. Es el dolor que siempre llevo... No sé firmar....

ALCALDE ROSALES. Mandate a hacer una marquilla de "cuculmeca"...

BACHILLER SEVILLA. Voy a firmar a ruego suyo.

SERAPIO ROMERO. Es verdad, voy a mandar a hacer una. Muchas gracias bachiller...

GENERAL ANTÚNEZ. Ahora todos a prestar el juramento de que vamos a cumplir lo que dice el acta... Que lo tome el Alcalde Rosales...

ALCALDE ROSALES. *(En voz alta y con solemnidad).* ¡Hagan la señal de la cruz...! ¡En nombre de la Santísima Trinidad...!

GRUPO DE REBELDES. *(En coro).* En el nombre de la Santísima Trinidad...

ALCALDE ROSALES. En el nombre de Dios Todopoderoso, creador del Universo...

GRUPO DE REBELDES. ¡En el nombre de Dios Todopoderoso, creador del Universo...!

ALCALDE ROSALES. ¡En el nombre de Nuestro Señor Jesucristo...!

GRUPO DE REBELDES. ¡En el nombre de Nuestro Señor Jesucristo...!

ALCALDE ROSALES. ¡Juramos cumplir y hacer cumplir el acta revolucionaria que hemos firmado...!

GRUPO DE REBELDES. ¡Juramos cumplir y hacer cumplir el acta revolucionaria que hemos firmado...!

ALCALDE ROSALES. ¡Si así lo hacemos, que el Cielo nos premie...!

GRUPO DE REBELDES. ¡Si así lo hacemos, que el Cielo nos premie...!

ALCALDE ROSALES. ¡Y si no lo hacemos que el Infierno nos confunda...!

GRUPO DE REBELDES. ¡Y si no lo hacemos que el Infierno nos confunda...!

ALCALDE ROSALES. ¡Amén...!

GRUPO DE REBELDES. ¡Amén...!

Los rebeldes se abrazan emocionados En los ojos del Alcalde Rosales hay lágrimas.

NOTAS

MANTO: Con la destrucción de San Jorge de Olancho en 1611 por un derramamiento acuático que por mucho tiempo se creyó erupción, los españoles trasladaron la cabecera de Olancho a Manto, que fue desde entonces gran centro minero, ganadero y comercial. Allí afluían y se domiciliaban las familias españolas de más poder económico. El esplendor mantuano declinó en 1865 con el incendio de la población ordenado por el Presidente José María Medina y con la dispersión de las principales familias, las cuales se reinstalaron en Juticalpa, el valle de Agalta, y en otros lugares de la región.

DIEZMOS: Los diezmos fueron la causa de la revolución olanchana de 1864-65. Haga la cuenta el lector que los ciudadanos tenían que dar la décima parte de sus haberes a la Iglesia. Si alguien tenía diez semovientes, daba uno; si cien, diez; si mil, cien. En aquella forma, la Iglesia tenía tanto poder ganadero como Juan Vilardebó y Moret, que era el hacendado más rico de la República. La Iglesia manejaba sus bienes ganaderos por medio de las cofradías. Además de los diezmos, los pobladores estaban obligados al ofrecimiento de las primicias agrícolas para ganar indulgencias.

COSTUMBRES: Notarán los lectores del drama que las costumbres ni son españolas ni son indias sino criollas. Corresponden a lo que se llama sociedad hispanoamericana, en formación, buscando fisonomía propia en el siglo XIX, cuando aún no habían llegado las invasiones extrañas con sus adulteraciones de la nacionalidad. La sicología social tenía fundamento en las mejores tradiciones, y fuerza para operar un mayor desarrollo.

JOSÉ MARÍA ROSALES: Hombre del pueblo que se le recuerda en el Valle Arriba por su valor civil. Es rigurosamente histórica la conducta que observó frente a José María Medina, quien en estado de borrachera lo mandó a fusilar, pero los ejecutores de la orden le perdonaron la vida.

BERNABÉ ANTÚNEZ: Compañero de Florencio Xatruch en la guerra contra William Walker.

FRANCISCO ZAVALA: Vecino de Manto. Hombre culto. Fue Comandante de Armas de Olancho en la administración del General Trinidad Cabañas.

SEGUNDO ACTO: EN COMAYAGUA

El Presidente Medina y su esposa doña Mariana Milla de Medina aparecen sentados en el corredor que ilumina una gran lámpara. A la espalda de ellos, hay un armario grande. Los invitados a la fiesta necesariamente pasan por allí. Saludan a los esposos Medina y siguen su marcha hacia el salón de baile.

En el portón de la calle está un pregón que grita los nombres de las personas que van llegando. En el salón de baile que está en el extremo apuesto, la orquesta ejecuta los valses de moda.

PRESIDENTE MEDINA. ¿Sabes, Marianita, que las fiestas tienen un objeto distinto para los políticos...?
DOÑA MARIANA. Supongo, Medina que para tratar asuntos con ciertas personas.
PRESIDENTE MEDINA. Exactamente. Esta fiesta me sirve para hablar con don Juan Vilardebó y Moret, para observar a mis amigos y vigilar a mis enemigos.
DOÑA MARIANA. Así sea, con tal que uses la cordura... Ya sabes a qué me refiero...
PRESIDENTE MEDINA. Tengo que portarme bien. Me conviene.
DOÑA MARIANA. *(Con mirada de reproche).* Y con tal que después del baile no salgas en serenatas y en visitas para aquella mujer...
PRESIDENTE MEDINA. *(Molesto).* Ah, Marianita, ya vas con tus cosas...
DOÑA MARIANA. Te juro que de seguir así me voy a Gracias...
EL PREGÓN. *(Con grito estentóreo desde el portón de la calle).* ¡Empiezan a llegar las buenas familias de la Capital...! ¡Asisten al baile en honor del señor Presidente de la República...! ¡La familia Aguiluz...! ¡La familia Garrigó...! ¡La familia Boquín...!

Llegan los grupos familiares hasta donde están los esposos Medina. Regocijo cortesano. Pasan hacia la sala de baile.

EL PREGÓN: ¡Siguen llegando las buenas familias de Comayagua...! ¡Vienen al baile del señor Presidente de la República..! ¡La familia Meza! ¡La familia Valenzuela! ¡La Familia Alvarado!

Se repite la escena anterior.

PRESIDENTE MEDINA. *(Riendo).* Este pregón es un pícaro. Fíjate, Marianita, cómo se aprovecha del momento para ofender a los negros de Comayagua.
DONA MARIANA. Yo los veo blancos, Medina.
PRESIDENTE MEDINA. ¡Pero la sangre azul, Dios la dé...! *(Ordenando).* Ve al salón a atender a los invitados. Y le dices a don Crescencio que venga.
DOÑA MARIANA. No vayas a tardar mucho, que nosotros empezamos el baile.
PRESIDENTE MEDINA. Empiézalo tú con don Chico Cruz, y que sigan ellos. Tengo algunas consultas con los políticos. En cuanto terminen, llego.

Se va doña Mariana. El Presidente Medina abre un armario, y quedando de espaldas se advierte que saca una botella y un vaso, vierte y bebe. Luego cierra el armario, y vuelve a su asiento.

Llega don Crescencio, cargando sus pesados años de servicio burocrático. Es Ministro de Hacienda y de Guerra. Pero el Presidente Medina lo malquiere, y no pierde ocasión de poder ofenderlo.

DON CRECENCIO. *(Inclinándose).* Me dijo Marianita que deseaba verme...
PRESIDENTE MEDINA. Sí, hombre, venga a ayudarme a recibir los políticos.
DONCRESCENCIO. Estoy a sus órdenes.
PRESIDENTE MEDINA. Siéntese don Crescencio, y me cuenta lo que dicen las familias de sangre azul de Comayagua…
DON CRESCENCIO. Están muy contentas, Excelencia, y aseguran que hace años no se da una fiesta presidencial como la de hoy.

PRESIDENTE MEDINA. ¿Ha pensado, don Crescencio, que esas familias son unas gentuzas...?

DON CRESCENCIO. ¿Qué le dijera, Excelencia...?

PRESIDENTE MEDINA. Su opinión. Pero usted nunca la tiene. No quiere anticipar sus juicios porque piensa que puedo caer de la Presidencia y que puede venir otro de esos y entonces se le eclipsa el negocio...

DON CRESCENCIO. Excelencia...

PRESIDENTE MEDINA. ¿Sabe usted, don Crescencio, ¿cuál es la sangre azul y el origen matrimonial del Presidente Medina?

DON CRESCENCIO. No tengo derecho a contestar preguntas de su vida privada, Excelencia.

PRESIDENTE MEDINA. ¿Sabe, usted don Crescencio, cómo he llegado a las cumbres del Poder?

DON CRESCENCIO. Por su arrojo militar y su capacidad política...

Ríe, no se sabe si de sí mismo o de don Crescencio. Es una risa enigmática que suelta de tiempo en tiempo y que produce miedo en quienes la oyen.

EL PREGÓN. *(Con el mismo grito estentóreo).* ¡Empiezan a llegar los políticos más eminentes de la República, acompañados de sus nobles familias...! El licenciado Céleo Arias y su distinguida esposa doña Francisca Boquín...! ¡Don Ponciano Leiva y su apreciable familia...! ¡Don Saturnino Bográn y su corte...!

Los grupos saludan con regocijo al Presidente Medina y al Ministro Gómez. Luego pasan al salón de baile.

EL PREGÓN: ¡Siguen llegando los Floridablanca de Comayagua...!¡Siguen entrando los Campomanes de la República...! ¡Don Jerónimo Zelaya...! ¡Don Florencio Estrada....! ¡Don Anacleto Madrid...!

Se repite la escena anterior.

PRESIDENTE MEDINA. Es divertido ese pregón. Es un costal de ofensas...

DON CRESCENCIO. *(Observa al Presidente Medina para determinar si se alegra o se disgusta).* Es un carpintero del barrio del Torondón...

PRESIDENTE MEDINA. Vaya, don Crescencio, a atender a los Florida blancas y los Campomanes...

DON CRESCENCIO. Está bien, Excelencia...

PRESIDENTE MEDINA. Dígale a don Chico Cruz que estoy cansado de recibir gente por aquí... Que meta a los diplomáticos por el otro portón...

DON CRESCENCIO. *(Queriendo objetar).* Excelencia, es que los diplomáticos...

PRESIDENTE MEDINA. *(Arrogante).* ¡Vaya a cumplir lo dicho...! ¡Que los meta por el portón de las mulas...!

Se va don Crescencio. El Presidente Medina vuelve al armario. De espaldas se despacha otro trago. Cierra el armario y vuelve a su asiento.

EL PREGÓN. *(Con el grito de siempre).* ¡El ganadero más poderoso de Olancho...! ¡El hombre más rico de la República...! ¡Y tan findinguito, que no parece lo que es...!

Medina sonríe de las ocurrencias del Pregón, y va a recibir a don Juan Vilardebó. Se estrechan las manos y regresan enlazados.

DON JUAN. Perdone la tardanza, general...

PRESIDENTE MEDINA. No tenga cuidado, don Juan. Siéntese. ¿Quiere tomar algo? Eso sí, es aguardiente. Me lo trajeron de Cantarranas. Pero es un San Jerónimo...

DON JUAN. Lo acepto, general.

El Presidente Medina va y regresa. Trae dos vasos casi llenos. Medina bebe de un solo golpe. Don Juan toma un sorbo, y nada más.

En la sala de baile la orquesta hace desfilar los valses de Strauss. Se deja oír el entusiasmo de la concurrencia galante.

Varios sirvientes han traído botellas de Champagne y compas champaneras.

....Desde la puerta de la sala se asoma el rostro jovial de doña Mariana de Medina y luego desaparece.

PRESIDENTE MEDINA. ¿Vio al general Carrera, don Juan?

DON JUAN. Lo vi, general. Ya es una ruina humana. Puedo decir que lo hemos perdido. Lo está minando una enfermedad incurable.

PRESIDENTE MEDINA. ¿Pasó por El Salvador?

DON JUAN. Le manda saludos el fraile Dueñas Me dijo que desea entenderse con usted. Pero supe que tiene a Florencio Xatruch de Comandante de Armas en San Miguel...

PRESIDENTE MEDINA. Quiere entenderse conmigo, y me amenaza con Xatruch por la frontera. Y a la vez Xatruch se está entendiendo con los olanchanos. Así me agarrarían a dos fuegos.

DON JUAN. Explíquese, general. Mi larga ausencia me tiene sin informes. Me interesa lo de Olancho.

PRESIDENTE MEDINA. A principios del año vino una comisión compuesta por Bernabé Antúnez, Francisco Zavala y Francisco Escobar a pedirme la suspensión de los tributos. Pero lo hicieron en una forma amenazante.

DON JUAN. Se pide suplicando, no con amenazas.

PRESIDENTE MEDINA. Los olanchanos piden la supresión de los diezmos, las primicias, las alcabalas y otros impuestos... Y usted sabe que debemos tener de amigos a los curas, porque de otro modo nos sucede las de Guardiola...

DON JUAN. Usted les dijo que no...

PRESIDENTE MEDINA. Que no... Y para castigarles la malacrianza los tuve presos unos días... Les dí libertad por las súplicas de varias personas y en principal por las de Marianita, que ya sabe el corazón que tiene...

Se le acerca y le habla en voz baja.

PRESIDENTE MEDINA. Cuando se fueron les puse a la cola una escolta al mando del capitán Félix Espinoza, para ya sabe usted... Pero sucedió al revés, Zavala mató al capitán en Manto...

Queda en suspenso un momento.

PRESIDENTE MEDINA. Escobar vale una torta de vaca... Es un hombre sin importancia... Pero Antúnez y Zavala sí son peligrosos... Se portaron bien en la guerra de Nicaragua... Son adictos a la causa del general Cabañas... Quiero averiguar si se entienden con Céleo Arias... Son caudillos en Olancho...

DON JUAN. Son libre pensadores, como se dice hoy, y tienen pueblo... Piense, general, que han empezado las revoluciones sociales en América. En los Estados Unidos, Lincoln dio el mal ejemplo dando la libertad a los esclavos negros... En México, Juárez está confiscando los bienes de la Iglesia... Y en el Sur hay revoluciones parecidas...

PRESIDENTE MEDINA. Quiere decir que eso de Olancho...

DON JUAN. Si no es, puede llegar a ser...

El Presidente Medina descorcha una botella de champaña. Le sirve una copa a don Juan. Para él va al armario, y vuelve con un vaso de aguardiente. Brindan y beben.

PRESIDENTE MEDINA. Mis consejeros nunca me han hablado de una revolución social... De una revolución que mueva la propiedad pasándola de manos... Solo me hablan de revoluciones políticas... De la simple toma del Poder para disfrutarlo, como lo hago yo...

DON JUAN. Ignoran lo que es una revolución social y debían haberla visto en los libros, cuando Mario, los Gracos y Catilina la intentaron en Roma...

PRESIDENTE MEDINA. Son unos caballos. Solo conocen el arte de la intriga...

Se inclina respetuoso hacia don Juan.

PRESIDENTE MEDINA. Le voy a contar. Don Chico, ministro de mi gobierno en esa tontería que llaman relaciones exteriores es a la vez espía de Carrera para vigilarme...

DON JUAN. Desde luego, usted arde en deseos de arrojar a don Chico Cruz.

PRESIDENTE MEDINA. De echarlo a patadas. Pero no puedo por los resultados con Carrera. Entonces Carrera le da la mano a Dueñas, y se pasea en mi alma...

Se detiene

PRESIDENTE MEDINA. Así es, don Juan, que a sabiendas tengo que aguantar a don Chico, y esperar una de tres, que parta un rayo a don Chico, que parta a Carrera o que me parta a mí.

Don Juan sonríe. Medina echa chispas por los ojos.

PRESIDENTE MEDINA. Como él sabe que yo sé que es espía de Carrera, ¿adivine cómo me dice ahora para halagarme...?
DON JUAN. No sabría adivinar...
PRESIDENTE MEDINA. Papaíto...

Ríe don Juan. Suelta una carcajada rabiosa Medina.

PRESIDENTE MEDINA. Así, como lo oye, don Juan.

Dispuesto a la comicidad.

PRESIDENTE MEDINA. Cuando estoy de buen humor lo llamo a gritos: "Don Chico, venga corriendo...". Es cuando viene, moviéndose de las rodillas para abajo, porque ya está viejo, a preguntarme con infernal dulzura: "¿Qué quiere, papaíto...?.

Aprieta el puño y lo deja caer sobre la mesa.

PRESIDENTE MEDINA. Entonces quisiera darle un veneno, pero no puedo...
DON JUAN. ¿Y don Crescencio, cómo se porta?
PRESIDENTE MEDINA. Lo malo de don Crescencio es que no es malo, y por no ser malo es que es malo...
DON JUAN. Es un buen hombre.
PRESIDENTE MEDINA. Hay bondades que dañan más que una peste.

DON JUAN. *(Volviendo al tema principal).* De su cuenta póngale cuidado a la situación de Olancho... Para una guerra social, sobran los Dueñas y los Xatruch de una parte y los Carrera y la Reina Victoria de otra...

PRESIDENTE MEDINA. *(Inquieto).* ¿Pero los españoles...? ¿Qué dicen los españoles de Cuba...?

DON JUAN. No piense en ellos, general. En Cuba aumenta el fuego de la independencia. Temprano o tarde el pueblo cubano arrojará a los españoles al mar.

Piensa don Juan.

DON JUAN. Me voy, general... No le quiero quitar más tiempo... Pero piense en esto: Hace muchos años, el Boquerón destruyó la ciudad de San Jorge de Olancho...

PRESIDENTE MEDINA. *(Reflexivo).* No lo olvidaré, don Juan...

Se levantan ambos personajes. Medina acompaña a don Juan hasta el portón de salida. Regresa y va al armario a servirse otro trago de aguardiente, dando la espalda.

Doña Mariana y un grupo de damitas con gran regocijo vienen a llevarse a Medina a la sala de baile. Se van con algazara. En la sala de baile se dejan oír los vivas y los aplausos cuando entra el Mandatario. Del lado del portón llega el Pregón y le sigue una mujer del pueblo, sumamente agraciada y con sigilo para no ser vista de la concurrencia.

EL PREGÓN. *(Algo ebrio).* La querida del general Medina... No digo tu nombre porque sé que en esta casa no se te menciona... ¿Qué andás haciendo...?

LA MUJER DEL PUEBLO. *(Con reproche).* Debías aprender urbanidad... El hombre verdadero es fino con la mujer...

EL PREGÓN. ¿Qué dice la urbanidad de la mujer que le quita el esposo a otra mujer...?

LA MUJER DEL PUEBLO. Mentís... No se lo he quitado...

EL PREGÓN. Simplemente te le has asociado... Tenés con ella una sociedad en participación...

LA MUJER DEL PUEBLO. Esperate un poquito. Le cuento al general lo que me estás diciendo...

EL PREGÓN. ¿Qué querés de mí por no decirle...? ¿Sos capaz de arruinar a Temporario Arriaga, honradamente casado y lleno de hijos...? ¿Qué querés, hermosísima Tránsito...? Ve, ya empecé a decir tu nombre, y aquí es prohibido mencionarlo...

TRÁNSITO. Temporario Arriaga, olvido tus ofensas, si le das este papel al general en el más estricto secreto...

Tránsito le da el papel a Temporario Arriaga, quien lo guarda en la bolsa.

TEMPORARIO ARRIAGA. Tránsito, somos amigos, y le daré el papel al general, como lo pedís...Y acordate de este pobre... Vos podés...

TRÁNSITO. Por allí debías haber empezado... Te voy a ayudar...

TEMPORARIO ARRIAGA. Vos valés más que un Ministro, más que don Crescencio, más que don Chico...

TRÁNSITO. Me voy, Temporario...

TEMPORARIO ARRIAGA. Que te vaya bien, Tránsito...

Se va la mujer del pueblo con rapidez.

TEMPORARIO ARRIAGA. ¡Trán-si-to-Li-co-na de Opoteca!

Va a la mesa a servirse una copa de champaña.

Vienen el Presidente Medina, don Crescencio y un personaje más: Medinita. Medina va al armario, toma y regresa limpiándose la boca con el dorso de la mano derecha.

PRESIDENTE MEDINA. Ya no aguantaba la gana... (Señala las botellas de champaña). Esa chica no me gusta...

Temporario Arriaga, haciéndose el fuerte, se acerca a Medina.

TEMPORARIO ARRIAGA. Señor Presidente, le dejaron este recado...
PRESIDENTE MEDINA. Ya sé... Es de...

Lee el papel para sí. Luego, lo lee en voz alta.

PRESIDENTE MEDINA. Oigan esto: "Amorcito: vino mi amigo que conocés. Me dijo que Dueñas le va a prestar ayuda a Xatruch para invadir la frontera, y que Xatruch se ha carteado con los generales Zavala y Antúnez de Olancho, quienes se van a levantar contra tu gobierno. Sobre lo dicho parece que Carrera está de acuerdo con Dueñas y Xatruch para botarte, porque ya no te quiere. Te quiero más yo. Te espero. Queda la puerta sin tranca. T.L.".

Se pasea.

PRESIDENTE MEDINA. ¿Qué opina, don Crescencio...?
DON CRESCENCIO. Que es una lástima, Excelencia, la caída de un gobierno tan bueno como el suyo...
PRESIDENTE MEDINA. ¿Y el general Juan Antonio Medina, qué parecer tiene....?
MEDINITA. todo es posible. Pero se necesita una información más amplia y más a fondo.
PRESIDENTE MEDINA. Don Crescencio, vaya a llamarle a Juan López.

Don Crescencio va de prisa a la sala de baile.

PRESIDENTE MEDINA. ¿Te has fijado que ese viejo no sirve ni para dar una opinión...?

Lo ve perderse en la puerta.

PRESIDENTE MEDINA. Solo de mandadero puede servir...
MEDINITA. Y, ¿qué vas a hacer con el otro vejete...?
PRESIDENTE MEDINA. Lo voy a mandar a Guatemala para que le recuerde a Carrera nuestros viejos servicios y le reitere nuestra lealtad. Sólo Juan López puede hacer esta comisión. Ya sabes las

razones y conoces los motivos. Al mismo tiempo, tú vas a atender tu hacienda. Y de ahí vas a San Salvador a hablar con Dueñas. Vas a comprarlo por lo que pese en oro.

MEDINITA. La Caja está pobre. ¿Dónde vas a conseguir el oro...?

PRESIDENTE MEDINA. Lo dará don Juan Vilardebó y Moret.

MEDINITA. ¿Qué le digo a Dueñas...?

PRESIDENTE MEDINA. Que me amarre al dundo de Xatruch. Y que la tierra se trague lo que hemos conversado.

Ambos beben aguardiente de Cantarranas, tan bueno como el San Jerónimo.

PRESIDENTE MEDINA. Hermosa fiesta, pero no puedo gozarla porque Marianita me tiene a dieta...

MEDINITA. ¿En dieta...? Qué bárbaro... Esta hora que te has bebido dos botellas... Tienes un resistencia de toro...

Se acercan el Ministro Crescencio Gómez y el general Juan López, amarrado la cabeza con un pañuelo blanco. Medina lo trata con grosería.

PRESIDENTE MEDINA. *(A Juan López).* ¿Te han herido o estás de parto...?

JUAN LÓPEZ. *(Con reproche).* Siempre con tus cosas... Me duele la cabeza, eso es todo.

PRESIDENTE MEDINA. ¿Quieres un trago de aguardiente...?

JUAN LOPEZ. Dámelo... De repente es esa chicha que llaman champaña lo que me ha hecho daño...

Beben todos. Don Crescencio solo se moja los labios.

PRESIDENTE MEDINA. Don Crescencio, perdone tanta molestia, vaya a llamarme a don Chico Cruz...

DON CREECENCIO. Estoy obligado a servirlo, Excelencia.

Se aleja don Crescencio.

PRESIDENTE MEDINA. *(A Juan López)*. ¿Has conversado con Céleo Arias...?

JUAN LÓPEZ. Sí me ha dicho que está enteramente retirado de la política y que se dedica al comercio...

PRESIDENTE MEDINA. *(Le guiña el ojo a Medinita)*. Para que lo sepas está conspirando contra nuestro común amigo, el general Carrera. Vas a ir a Guatemala a entregarle las pruebas...

JUAN LÓPEZ. *(Alborozado)*. Hombre, sos una fiera... Dame otro trago de aguardiente... Como que ya se me quitó el dolor de cabeza.

Se zafa el pañuelo y ríen, Medina y Medinita. Todos beben.

Se acercan el licenciado Crescencio Gómez, Ministro sin opinión y Francisco Cruz, ministro de Relaciones Exteriores. Tratan "graves asuntos de Estado". Se detienen y avanzan a paso lento.

PRESIDENTE MEDINA. *(A Medinita)*. Uno al lado del otro vienen el león y el zorro...

MEDINITA. *(Con desprecio)*. Don Crescencio no pasa de ser un garrobo del Umuya, y don Chico un macho viejo lleno de mañas...

Aprovecha el momento en que los Ministros se detienen.

MEDINITA. ¿Has visto un macho viejo lleno de mañas...? Se esconde en lo más cerrado del monte para evitar el aparejo... Si lo vas a aparejar tienes que ponerle tortol en la jeta... Si te descuidas, te bota la carga o se echa con ella. Tienes que levantarlo a leñazos. De repente se deshace en coces, que si estás cerca te mata... Siempre anda en busca de los corredores para que lo descargues... Si la jornada no ha terminado, tienes que aplicarle fuego en las partes tiernas para que la siga... Pero te sirve todos los días... Es tu más fiel compañero de afanes... Y cuando te ha ayudado suficiente hasta lo quieres, lo acaricias y le ves cara de gente... Ese es tu don Chico...

Medina ríe a grandes carcajadas. Medinita ríe en tono menor. Juan López cierra los ojos, lagrimea y queda como atorado.

DON CRESCENCIO. *(Con inclinación).* Aquí está el señor Ministro de Relaciones Exteriores, Excelencia...

DON CHICO. Eh... Eh... Eh... ¿Qué quiere, papaíto...?

PRESIDENTE MEDINA. *(Fingiendo severidad).* Lo he llamado, don Chico, para un asunto serio.

DON CHICO. Eh... Eh... Eh...¿Muy serio, papaíto?

PRESIDENTE MEDINA. *(Grosero).* Para que le diga en su cara al general Juan López el apodo que la ha puesto...

Don chico se pone trémulo. Suspensión de todos. El general Juan López enrojece.

DON CHICO. Eh... Eh... Eh, son cosas de mi papaíto... Eh, eh, eh... Juan, no te he puesto ningún apodo...

PRESIDENTE MEDINA. *(Brutal por la borrachera).* Ya va a decir don Chico que no le ha puesto en mosquito la (pa) ca (pa) go (po) na (pa).

Todo mundo está obligado a celebrar las gracejadas del Mandatario y todos ríen con hilaridad, hasta el mismo don Chico y hasta la victima el general López.

DON CHICO. *(En carreritas de un punto a otro).* Eh... Eh... Papaíto...? Eh... eh... eh... ¿Juan...? Bromas...Bromas...

PRESIDENTE MEDINA. ¡Lo viera el cuerpo diplomático en esas carreras...!

Nuevas carcajadas, en medio de las cuales Medina sirve cinco vasos de aguardiente y los ofrece.

DON CHICO. *(Con verdadera angustia).* Yo no voy a beber, papaíto. Fue que tomé unas píldoras rosadas, papaíto. Me puedo morir, papaíto.

MEDINITA. *(Acentuando las palabras).* Este papaíto se parece con el padrecito de los rusos. De repente, José María, don Chico te quiere hacer zar...

PRESIDENTE MEDINA. *(Rápido).* Lo que quisiera don Chico es asarme. Pero dejemos a don Chico con sus píldoras rosadas y bebamos...

Beben. Se sientan. Dejan la comicidad. Y hablan en serio.

MEDINITA. Hasta me duelen las mandíbulas.
PRESIDENTE MEDINA. Ponga atención, don Chico, que va a escuchar un asunto relacionado con su Ministerio. Dentro de la aparente tranquilidad de Céleo Arias, dedicado al comercio, hay un conspirador tremendo.

Sorpresa en don Chico.

PRESIDENTE MEDINA. ¿Lo ha observado en el baile?
DON CHICO. Sí, papaíto.
PRESIDENTE MEDINA. ¿Con quién ha conversado?
DON CHICO. Con el poeta Teodoro Aguiluz.
PRESIDENTE MEDINA. Ya ve, don Chico, conversa con el poeta Aguiluz para hacerle creer al Gobierno que le interesan más las rimas que las conspiraciones.
DON CHICO. Es la imagen del disimulo, papaíto.
PRESIDENTE MEDINA. *(Inclinándose a don Chico).* Pues esa imagen del disimulo, que usted dice, conspira contra mi Gobierno y contra el del general Carrera...
DON CHICO. Conviene reforzar la alianza papaíto.
PRESIDENTE MEDINA. Tengo las pruebas. Arias mantiene relaciones con los emigrados guatemaltecos que están en México...
DON CHICO. *(Alarmado).* Qué monstruosidad, papaíto.
PRESIDENTE MEDINA. Arias me va a botar a mí, y entonces por aquí y por la frontera mexicana, a dos fuegos, van a atacar al general Carrera... ¿Entiende, don Chico, lo que le voy diciendo...?
DON CHICO. Sí entiendo, papaíto... Parece un sueño fantástico...
PRESIDENTE MEDINA. Parece un sueño de otoño en una noche de invierno, como dice Shakespeare... Pero se va quedar helado cuando le concluya el cuento...
DON CHICO. Sí, papaíto?

PRESIDENTE MEDINA. Francisco Dueñas, de El Salvador, está en el ajo...
DON CHICO. Jesús, papaíto. Ni para dónde huir nos queda...
PRESIDENTE MEDINA. Pongo a los generales Juan Antonio Medina y Juan López por testigos.

Se detiene a observar a don Chico. Don Chico observa a Medina.

PRESIDENTE MEDINA. Mañana mismo sale el general Juan López a hablar de este asunto con el general Carrera.

Se dirige a don Chico y a don Crescencio.

PRESIDENTE MEDINA: Señores Ministros, vayan a atender la concurrencia.

Al general López.

PRESIDENTE MEDINA. General López, vete a dormir porque tienes que salir temprano para Guatemala.

A Medinita.

PRESIDENTE MEDINA. Quedate conmigo.

Se van los tres hombres.

PRESIDENTE MEDINA. ¿Qué parece lo hecho?
MEDINITA. Está bien. Se rompe el posible cerco guatemalteco-salvadoreño contra el Gobierno de Honduras. Se fortalece el cerco hondureño-guatemalteco contra el gobierno de El Salvador. Encima de eso, yo te amarro a Dueñas con el dinero de Vilardebó y quedas con las manos libres para operar sobre Olancho...

Medina sirve más aguardiente, dando señales de estar borracho. Beben Medina y Medinita.

PRESIDENTE MEDINA. *(Con voz en grito).* Juan Antonio Medina, me voy a pasear en los olanchanos de una manera feroz... Y después me voy a pasear en el beato Dueñas hasta llevarlo al ridículo...

MEDINITA. *(Cabeceando).* Te creo, y me gusta...

Medina se levanta con esfuerzo. Apoya la mano izquierda en la mesa, mira hacia adelante y habla en tropel oratorio como si hablara a un público invisible.

PRESIDENTE MEDINA. ¡El Boquerón destruyó a San Jorge de Olancho en el siglo XVIII; yo, José María Medina, seré un nuevo monte devastador en la misma región en este siglo...!

Gritando y sacudiendo los brazos.

PRESIDENTE MEDINA. ¡Olancho será arrasado...! ¡En Olancho no quedará piedra sobre piedra...! ¡Me valdré del mecate y del hierro y del fuego y de todos los medios para acabar con ese pueblo maldito...!

Descansando y volviendo a gritar.

PRESIDENTE MEDINA. ¡Comeré carne humana como los caníbales...! ¡Asada en un asador de guayabo, con sal, naranja agria y tortillas recién sacadas del comal...!

Delirando, riéndose y repitiendo.

PRESIDENTE MEDINA. ¡Comeré carne humana...! ¡Comeré carne humana...! ¡Comeré carne humana...!

Suelta una carcajada siniestra. Pega un puñetazo en la mesa haciendo caer los vasos y las botellas con estrépito.

TELÓN

NOTAS

MEDINÓN. Este hombre llevaba el dolor secreto de su origen, en tiempos de mayores prejuicios sociales. Hay pruebas de que era hijo de un cura español y de una esclava. Su buena presencia humana lo introdujo en la rueda social y su probada conducta amoral lo elevó a las más altas cumbres del poder. Por ello ofrecía una singular sicología. Cínicamente se reía de sí mismo y con mayor razón se burlaba de los demás. No se le niegue amaneramiento, que lo tenía con sus iguales y superiores. Pero era despreciativo y brutal con sus inferiores y subordinados. Agravaba este modo de ser su constante inclinación a la bebida alcohólica. Solo a su esposa doña Mariana Milla quería, sin que olvidara serle perennemente infiel.

MARIANA MILLA. Gran dama de Gracias. Con la cultura que da el roce social. Generosa, caritativa, clemente. Tenía gran influencia sobre su esposo, a quien llamaba "Medina". Tiempo en que doña Mariana probó su grandeza moral, fue cuando su marido fue juzgado por un tribunal de guerra y fusilado.

TRÁNSITO LICONA. Hermosa mujer del pueblo, natural del pueblo de Opoteca. Amante del general José María Medina, en cuya casa se instalaba en sus días de desenfreno alcohólico.

CRESCENCIO GÓMEZ. Ministro sin opinión en todos los gobiernos. Quedó a cargo de la Presidencia, cuando Medina fue a ejecutar el genocidio de Olancho.

FRANCISCO CRUZ. Es histórico que don Chico Cruz llamaba "papaíto" a Medina. Y también es histórico que era agente de Rafael Carrera en Comayagua para vigilar a Medina en su calidad de Presidente.

JUAN LÓPEZ. Agente de Carrera toda su vida en la gestión de Honduras. Siendo un militar cobarde le decían, de apodo, "La cagona".

JUAN ANTONIO MEDINA. Brazo derecho de Medinón, para distinguirlo de éste le decían "Medinita".

JUAN VILARDEBÓ Y MORET. Poderoso ganadero y comerciante de Manto. En la segunda mitad del siglo XIX estaba considerado como el mayor potentado de la República. Tenía diecisiete grandes haciendas en el Valle Arriba, fuera de otras medianas y menores en la región y en el área del país. Monopolizaba el puerto de Trujillo por el que hacía el comercio ganadero con Cuba, donde tenía grandes potreros en Baracoa para repastar el ganado exportado. Amigo personal de Rafael Carrera y de los demás gobernantes conservadores de Centro América. Aspiraba a la reconquista española, pero no objetaba la dominación inglesa. Sufrió golpes tremendos bajo la reforma liberal de 1876, de Marco Aurelio Soto.

TERCER ACTO: EL EJÉRCITO DE OLANCHO

Alcaldía Municipal y Distrital de Manto. Amplio salón de actos. En el extremo norte hay una larga y ancha mesa de caoba bien labrada. En el extremo sur hay armarios donde se guardan los documentos municipales. En el área central muchas hileras de sillas. Hay puertas y ventanas laterales.

ALCALDE ROSALES. *(De pie, detrás de la gran mesa municipal, con solemnidad).* Si como Alcalde Municipal y Distrital de Manto me han dado poderes de jefe provisional del Gobierno revolucionario de Olancho, acepto la honrosa designación, la cumpliré con diligencia en la medida de mis capacidades, y ahora mismo acuerdo y mando:

Piensa un momento.

ALCALDE ROSALES. General Francisco Zavala, del Distrito de Manto... General Bernabé Antúnez, del distrito de Yocón... Escuchen lo que voy a decir, y no lo olviden un solo momento en el desempeño de la misión que se les encomienda...

Se detiene.

ALCALDE ROSALES. La Revolución es una madre que se parece con las otras madres. Ustedes son buenos hijos de ella y le deben cumplida obediencia en todo. Harán cuanto haga la felicidad de ella. No harán nada que vaya en su deshonor...

Se vuelve a detener.

ALCALDE ROSALES. Si por nacer del mismo vientre, soy hermano de ustedes... Y por edad, soy mayor que ustedes, les recomiendo que se vean como buenos hermanos en el camino, que se consulten y se ayuden y que jamás vayan a estar en desacuerdo...
Altamente emocionado..

ALCALDE ROSALES. Hermanos míos: La Revolución por mi medio los bendice... Pórtense bien... Que les vaya bien...

Los generales Zavala y Antúnez que están a su lado lo abrazan.

GENERAL ANTÚNEZ. *(Con voz alterada por la emoción).* Las sencillas palabras del Alcalde Rosales jefe provisional del Gobierno revolucionario, me han llegado al alma. Prometo que siempre recordaré sus consejos, que la Revolución es nuestra madre, que procuraremos su felicidad y que no haremos nada que la deshonre... Es todo...

GENERAL ZAVALA. *(Con visible emoción).* Declaro que con el general Antúnez somos buenos hermanos... Nos consultaremos y nos ayudaremos... Jamás llegaremos a ningún desacuerdo en el camino. Señor jefe provisional, empeñamos ante usted nuestra palabra de hombres...

El alcalde Rosales abraza a los generales Antinez y Zavala.

BACHILLER SEVILLA. *(Al Alcalde Rosales).* Usted dice si levanto acta de este notable acontecimiento...
ALCALDE ROSALES. Sí, bachiller Sevilla. Pero en libro aparte. Firmaremos el acta los dos.

El bachiller Sevilla va a los armarios a buscar un libro nuevo.

GENERAL ZAVALA. *(Se pone de pie).* Señor Alcalde y Jefe del Gobierno: Queremos que sepa de una vez, que si llegáramos a faltar nosotros como conductores de la guerra, y ésta siguiera adelante, llenarán nuestras vacantes Serapio Romero, de Guarizama, y Cirilo Mendoza, de San Francisco de la Paz.
ALCALDE ROSALES. *(Con solemnidad).* Estoy entendido de la voluntad de ustedes... Digan los nombrados si aceptan las designaciones...

Se levantan los mencionados desde el fondo del salón.

SERAPIO ROMERO. *(Con voz tonante).* ¡Quisiera Dios que no suceda lo que se supone...! ¡Pero en caso de suceder, acepto el puesto que la madre Revolución me indique...!

CIRILO MENDOZA. ¡No soy mal hijo...! ¡Que la madre Revolución me diga el lugar y el tiempo señalados para vivir y morir...

Aplausos en la sala.

GENERAL ANTÚNEZ. Señor Alcalde y Jefe del Gobierno: Creemos que este acto solemne ha terminado. Nos trasladaremos al otro lado del río para organizar el Ejército... Nos hallemos cerca o lejos, siempre nos comunicaremos con usted por medio de nuestros ayudantes y correos...

ALCALDE ROSALES. Estableceremos una cadena de comunicaciones con personas honradas, seguras y diligentes... Se levanta la sesión con un viva a la revolución de Olancho...

Toma la vara alcadil y la levanta con energía.

ALCALDE ROSALES. ¡¡¡VI-VA LA RE-VO-LU-CI-Ó-N!!!

En la sala de actos, en los corredores de la Alcaldía, en las calles, en la plaza y en las colinas se propaga el grito, agregando vivas al Alcalde Rosales, a los generales Antúnez y Zavala y a los coroneles Serapio Romero y Cirilo Mendoza.

***

Alcaldía Municipal y Distrital de Manto. El Alcalde José María Rosales y el bachiller José María Sevilla conversan animadamente sobre las facciones de Olancho.

Con sigilo de selva aparecen en la puerta derecha tres jefes indios, de taparrabo y grandes arcos y flechas.

BACHILLER SEVILLA. *(Con grata sorpresa).* ¡Los albaltuines...!

ALCALDE ROSALES. *(Con seriedad).* ¡Adelante, seres naturales de la montaña...

Con timidez selvática avanzan los tres jefes indios. Se detienen y esperan que se les interrogue.

ALCALDE ROSALES. ¿De qué lugares vienen...?
PRIMER JEFE INDIO. *(Tocándose el pecho).* Montaña Mucupina...
SEGUNDO JEFE INDIO. *(Inclinándose).* Jinine...
TERCER JEFE INDIO. *(Apoyando el arco en el piso).* Aldea Mocanquire...
ALCALDE ROSALES. A estos pobres les viven robando el trabajo. En cuanto se fue el Misionero Subirana, volvieron a caer en la desgracia. *(A los albatuines).* ¿Qué andan haciendo...?
LOS TRES JEFES INDIOS. *(Tocándose el pecho).* Misionero se fue... *(Alzan las manos al cielo).* Volvieron robarnos zarzaparrilla... *(Demuestran enojo).* Ahora, buscando guerra... *(Agitan los arcos).*
ALCALDE ROSALES. Pobrecitos, creen que solo la guerra los puede aliviar... *(A los albatuines).* ¿Andan solos o acompañados...?
LOS TRES JEFES INDIOS. *(Se tocan el pecho y señalan afuera).* Hombres nuestros estar plaza...
ALCALDE ROSALES. *(Señalando).* Pasen el río y se presentan a los generales Antúnez y Zavala...
LOS TRES JEFES INDIOS. *(Inclinándose).* Nosotros ir allá...

Salen con sutileza los tres jefes indios.

BACHILLER SEVILLA. En el asalto nocturno son terribles... Ni los perros los sienten acercarse... Cuando acuerda uno es que los tiene encima... Ni quiera Dios...
ALCALDE ROSALES. Tienen razón, tocayo. El Misionero los defendió hasta donde pudo. Pero se fue aquel santo varón, y volvieron a caer los ladrones de zarzaparrilla sobre ellos. Ahora van a resolver su asunto a la brava...
BACHILLER SEVILLA. Esta es la oportunidad de las tribus. Quién iba a pensar en que hasta los naturales se iban a levantar. No tardan los indios de las montañas del Sursular y Maralona...
ALCALDE ROSALES. Tocayo, es "saburín" usted o los había visto... Allí están los indios guanacos...

***

Entran cinco indios con bragas de cuero de tigre y armados de lanzas. Son más resueltos y hablan mejor el idioma.

EL JEFE DEL GRUPO. Traigo la palabra de ellos. Somos los indios guanacos. El Misionero nos devolvió las montañas de Maralona y el Sursular que nos habían quitado los Hinestroza. Hoy volvieron a hacer milpas en aquellas montañas...
ALCALDE ROSALES. Se vienen a quejar...
JEFE DEL GRUPO. Sí...
ALCALDE ROSALES. ¿Bajaron por aquel Portillo...?
JEFE DEL GRUPO. Sí...
ALCALDE ROSALES. ¿Vieron mucha gente...?
JEFE DEL GRUPO. Sí...
ALCALDE ROSALES. Allá se está organizando el Ejército que les va a devolver las montañas del Sursular y Maralona...

Los cinco indios cambian palabras en su lengua.

JEFE DEL GRUPO. Nosotros queremos ese Ejército si nos da las montañas que nos roban...

Vuelven a hablar en su dialecto.

ALCALDE ROSALES. ¿Qué dicen...?
JEFE DEL GRUPO. Nosotros sabemos pelear con nuestras lanzas...
ALCALDE ROSALES. Vayan, pues, a presentarse ante los generales Zavala y Antúnez...
JEFE DEL GRUPO. Nosotros estamos bravos... Somos muchos...
ALCALDE ROSALES. Tanto mejor. Vuelvan a cruzar el río y se presentan a los jefes del Ejército...

Se inclinan los indios guanacos y salen con velocidad.

* * *

Entran Brígido Ruiz, viejo mandadero de la Alcaldía, y Engracia Araque, vecina que vende comida y productos menudos. Ambos caracterizan el espíritu popular del municipio.

ALCALDE ROSALES. *(Siempre inclinado a la broma).* Buena hora escogen para venir a casarse...
BRÍGIDO RUIZ. *(Vocea al Alcalde).* Quiere ésta que nos casemos ahora que sos Presidente...
ENGRACIA ARAQUE. *(Vocea al Alcalde).* Te mando a amarrar si te se mete la chifladura de que sos Presidente...
ALCALDE ROSALES. *(Siempre en broma).* ¿Qué no lo soy...? Vayan al otro lado a ver mi Ejército...
BRÍGIDO RUIZ. *(Sin broma).* Es verdá...Tiene Ejército...Y buenos militares... *(Dándole un rollo).* Tomá tus cigarros...
ENGRACIA ARAQUE. (Sin broma). Son muchos hombres los que están llegando...Las haciendas van a quedar sin bestias... *(Desenvolviendo un delantal).* Tomá tu mixtela...Y solo quiero que te vayas a embolar...
ALCALDE ROSALES. *(Al bachiller José María Sevilla).* Tocayo, apunte en el libro que recibimos los primeros tributos...
BACHILLER SEVILLA. *(Pausadamente).* ¿No cree usted, tocayo, que el regalo de Engracia es la primera prueba por el camino aquél...?
ENGRACIA ARAQUE. *(Con aspaviento mujeril).* ¿Ya vas vos con tus tonteras, lengua de culebra...? ¡Es mejor dejar a estos diablos, que me interesan más las ollas que dejé en el fuego...!

Da la rabiada, y se quedan riendo los tres hombres.
ALCALDE ROSALES. *(Ordenando).* Brígido, vos vas a desempeñar funciones importantes... Tenés cabeza y experiencia por tus años...Ya no tenés brazos ni piernas como cuando hacías viajes a Guatemala... Me vas a buscar buenos muchachos para correos... Que sean valientes, honrados, discretos y más veloces que los venados... Les voy a pagar bien... También me vas a buscar un buen Pregón, que

tenga pulmones de toro, para que dé las noticias en el curso de la guerra...

BRÍGIDO RUIZ. *(Cabeceando).* Eso dejámelo de mi cuenta... Vos sos el jefe...Pero te voy a probar que ahora soy más amigo tuyo que antes...
BACHILLER SEVILLA. Así se habla...

Se deja oír algo lamentoso que parece un canto fúnebre. Los hombres de la Alcaldía, llenos de curiosidad se asoman a la puerta.

ALCALDE ROSALES. Parece un canto fúnebre... Qué feo... En Manto nadie se ha muerto...
BACHILLER SEVILLA. Ni en las aldeas...
BRÍGIDO RUIZ. Son los pobrecitos negros de Silca... Bandidos, quitan la esclavitud en el papel y los bienaventurados de los rincones siguen en el mismo infierno...
ALCALDE ROSALES. Qué horror... Ya había oído eso... Se llama Canto de los Negros de Silca...

Resuena el canto coral en los corredores del cabildo municipal.

> Venimos los negros de África;
> venimos los africanos
> con las espaldas sangrando
> encadenadas las manos.
> Libres éramos en África
> y nos trajeron los malos
> a enterrarnos en las minas
> y a pegarnos diarios palos.

Los acentos todavía son más dolorosos que los de un canto funeral.

> Qué destino el de los negros,
> encadenados con fierros...
> Cuando "juimos" de las minas

nos persiguen con los perros.
Dicen que la vida es buena,
dicen que existe la suerte...
Los negros solo queremos
encontrar vida en la muerte.

Resuena un tambor suavemente y prosigue el canto lamentoso.

Dios se olvida de los negros,
de su dolor y su llanto...
Y nosotros lo queremos;
lo alabamos con un canto.
Usté que reina en los cielos,
en los cielos soberanos,
mire hacia abajo a los negros,
que también somos humanos.

Repiten las estrofas del canto con una monotonía infinita. El Alcalde Rosales ha quedado sin voz, llora lágrimas de hombre.

BACHILLER SEVILLA. *(Sobreponiéndose).* ¿Se vienen a presentar al Ejército...?
LOS NEGROS DE SILCA. *(A coro).* Sí...
BACHILLER SEVILLA. ¿Quiénes son los jefes...?

Avanzan tres negros en harapos.

LOS TRES NEGROS. Nosotros...
(Limpiándose las lágrimas). Hijitos míos... Cómo han sufrido... Pero ya no sufrirán más... Pasen el río y se presentan a los generales Zavala y Antúnez... Luchen por su libertad engrosando el Ejército...

Se inclinan los tres negros. Salen. Se alejan los negros de Solca con su canto taladrante y monótono.

***

Grupos en las proximidades de la Alcaldía Municipal.

PRIMER GRITO. ¡Viva María Santísima...!
CORO DE GRITOS. ¡Vivaaa...!
ALCALDE ROSALES. ¡Oyó, tocayo...?
BACHILLER SEVILLA. Debe ser rogación, tocayo...
SEGUNDO GRITO. ¡Viva Nuestro Señor Jesucristo...!
CORO DE GRITOS. ¡Vivaaa...!

Alcalde y Secretario se asoman a las puertas.

TERCER GRITO. ¡Viva la Cofradía del Santísimo Sacramento...!
CORO DE GRITOS. ¡Vivaaaaaa...!
ALCALDE ROSALES. Vienen para acá, tocayo, y quién sabe qué se traen...
BACHILLER SEVILLA. Vendrán a matarnos esos fanáticos...
ENGRACIA ARAQUE. *(Entrando)*. ¡Cierren las puertas que los van a matar...! ¡Tontos, que no han puestos retenes!
BRÍGIDO RUIZ. *(Entrando)*. Vienen armados con machetes...
ALCALDE ROSALES. ¡Déjenlos que nos hagan pozol...

El Alcalde y sus acompañantes retroceden a la mesa grande, mientras entran tres hombres con un estandarte religioso.

LOS TRES HOMBRES. ¡Ave María Purísima...!
ALCALDE ROSALES. ¡En gracia concebida...! Quiénes son ustedes...?
LOS TRES HOMBRES. ¡Mayordomos del Santísimo...!
ALCALDE ROSALES. ¿Qué desean...?
LOS TRES HOMBRES. ¡Ir a la guerra...!
ALCALDE ROSALES. *(Acordándose de un cuento popular)*. ¡Los van a matar...
LOS TRES HOMBRES. *(Acordándose del mismo cuento)*. ¡Al contrario, vamos a matar...!
BACHILLER SEVILLA. *(Con chiste)*. ¡No sean groseros...!

Ríen ambos bandos.

BRÍGIDO RUIZ. *(Entrando).* Vienen armados con machetes...
ALCALDE ROSALES. ¡Déjenlos que nos hagan pozol...!

El Alcalde y sus acompañantes retroceden a la mesa grande, mientras entran tres hombres con un estandarte religioso.

ALCALDE ROSALES. No acabo de creer por qué ustedes hacen una cosa contraria a sus servicios...
JEFE DE LOS MAYORDOMOS. Este es el asunto que nos trae, a preguntarle si seguimos enyugados como antes o quebramos el yugo...
ALCALDE ROSALES. *(Con tacto político).* No creo que vivan bajo yugo... Ustedes manejan las haciendas de la Iglesia...Son amos y señores en ellas... Así es que me parece que viven bien...
JEFE DE LOS MAYORDOMOS. Según usté somos felices cuidando bienes ajenos desde que nacemos hasta que morimos...
UNO DE LOS COFRADES. El hombre viene al mundo para cuidar bienes propios, no ajenos...
OTRO DE LOS COFRADES. Y abrigamos la esperanza de tenerlos propios.
JEFE DE LOS MAYORDOMOS. *(Sumido en sus pensamientos).* Señor Alcalde, todo está muy claro, pero usté sabe que somos cristianos...
ALCALDE ROSALES. Sí, señor.
JEFE DE LOS MAYORDOMOS. Católicos, apostólicos y romanos...
ALCALDE ROSALES. Sí, señor...
JEFE DE LOS MAYORDOMOS. Hijos de Adán y Eva...
ALCALDE ROSALES. Sí, señor...
JEFE DE LOS MAYORDOMOS. Dígame si es pecado este pensamiento que tengo...
BACHILLER SEVILLA. *(En broma al Alcalde Rosales).* Tocayo, se puede gastar... Voy a ayudarle *(Al Jefe de los Mayordomos).* Sí, señor...

JEFE DE LOS MAYORDOMOS. Porque si es pecado, inmediatamente lo confieso para limpiarme el alma...

BACHILLER SEVILLA. Sí señor...

JEFE DE LOS MAYORDOMOS. Nosotros sudamos la gota gorda... Nosotros cuidamos el ganado de las cofradías... Nosotros vamos de aquí para allá...

BACHILLER SEVILLA. Sí, señor... Destuse luego la mazorca...

JEFE DE LOS MAYORDOMOS. *(Se persigna)*. Me santiguo para que no me parta un rayo por lo que voy a decir...

BACHILLER SEVILLA. Si quiere, también hínquese...

JEFE DE LOS MAYORDOMOS. Digo que si los nosotros somos los que echamos hasta los "bofes" en el cuidado de los ganadales de la Esposa de Nuestro Señor Jesucristo...

ALCALDE ROSALES. *(Impaciente)*. En mi vida había visto cosa igual...

BACHILLER SEVILLA. *(Al Alcalde Rosales)*. Paciencia quiere la revolución, tocayo... *(Al jefe de los mayordomos)*. Sí, señor...

JEFE DE LOS MAYORDOMOS. (Se vuelve a persignar). Aquí las Tres Divinas Personas... Digo que esos ganadales de la Esposa de Nuestro Señor son nuestros...

BACHILLER SEVILLA. *(Desahogando el pecho)*. Benditas sean las Animas del Purgatorio... Es claro, amigo, esos ganadales son de ustedes...

JEFE DE LOS MAYORDOMOS. *(Para sí mismo)*. A saber si será pecado lo que he dicho... *(A sus compañeros)*. ¿Qué dicen ustedes, de lo que he dicho? ¿Será pecado...?

UNO DE LOS COFRADES. *(Con reproche)*. Usté, compadre Gil, siempre ha sido así... Nunca sabe en qué pata pararse... Yo he venido a la guerra a pelear por lo que considero mío...

OTRO DE LOS COFRADES. *(Al mismo jefe)*. Lo mismo digo yo, compadre Gil... Yo no he venido a salvarme sino a que me lleve el diablo...

JEFE DE LOS MAYORDOMOS. Compadres, es que entre el cielo y la tierra, es mejor el cielo...

BACHILLER SEVILLA. *(Toma un periódico de la mesa y lee)*. Tomen nota de lo que dice esta Gaceta de Comayagua:

"Doña Ana Gómez es propietaria de una hacienda en el valle del Espino. Su casa tiene cerca de cien varas contando los cuatro corredores. Esta señora se dedica a la compra de los diezmos de Olancho. Y llegan a sus bodegas quinientas a mil mulas cargadas de quesos en cada temporada de ordeño de las enormes haciendas olanchanas. La señora Gómez distribuye los quesos olanchanos en el resto del país y en las plazas de El Salvador y Guatemala".

BACHILLER SEVILLA. ¿Han escuchado? Quisiera saber cuánto les dan a ustedes que hacen esos quesos, después de vendidos a doña Ana Gómez...

LOS TRES COFRADES. *(A una).* Ni ronda, señor secretario...

JEFE DE LOS MAYORDOMOS. Es la pura verdá.. Vamos a la guerra... ¿Onde están las tropas...?

ALCALDE ROSALES. Pasen el río y lleguen a ellas...

LOS TRES COFRADES. Muchas gracias. Los vamos...

Salen los tres hombres, se suman a sus cofradías dándole vivas a María Santísima, a Nuestro Señor Jesucristo y al Santísimo Sacramento se incorporan al Ejército revolucionario que luchará contra los diezmos y las primicias.

***

En la sala municipal están el Alcalde y el Secretario, más Brígido Ruiz y Engracia Araque. Conversan animadamente y se hacen bromas populares.

ALCALDE ROSALES. Las mujeres tienen una importancia enorme en las revoluciones... Ven cosas que nosotros los hombres no vemos... Faltan los retenes...

ENGRACIA ARAQUE. Esas cofradías me hicieron pensar que debe haber retenes en las entradas del pueblo...

ALCALDE ROSALES. Brígido, vos vas a hacer las veces de Comandante local... Además de entenderte en el manejo de los correos que te dije, ponés los retenes que dice Engracia para que no nos vayan a coger desprevenidos...

ENGRACIA ARAQUE. Y que en cada retén "hayga" un hombre con un "butute" para que lo suene cuando "hayga" novedades...

ALCALDE ROSALES. Otra idea notable... Ponés un retén en el río con su respectivo vacho... Otro en la entrada de Ulúapa... Otro en el camino del Ocotal...Y otro en el Paso de los Santos... Si te falta gente, se la pedís a los generales Antúnez y Zavala...

BRÍGIDO RUIZ. Si me has hecho Comandante local, ya vas a ver los milagros que te voy a hacer... Me voy...

Sale.

GRACIA ARAQUE. Ya te ayudé a pensar... "Agora" voy a hacerles la merienda...

Sale.

BACHILLER SEVILLA. Tocayo, en vez de cachos y "bututes", es mejor llamarles cuernos de guerra...

ALCALDE ROSALES. Cuernos de guerra, suena hermoso... Así les llamaremos...

***

Entran tres mujerazas, y membrudas, tapadas con sombreros de llama, vestidas con gruesas telas obscuras, portando paraguas. De su gigantesca anatomía se desprende una natural jovialidad.

BACHILLER SEVILLA. *(En voz baja)*. Las Tres Divinas Personas... Las Andara...

ALCALDE ROSALES. *(En voz más baja)*. Prudencia, tocayo...

LAS ANDARA. *(Con voz casi hombruna y reposada)*. Ave María Purísima...

LOS DOS HOMBRES. *(A una)*. En gracia concebida... Adelante...

ALCALDE ROSALES. Qué gusto me da ver a la Niña Santiago, y a la Niña Refugio y a la Niña Socorro...

BACHILLER SEVILLA. *(Les brinda asientos)*. Tengan la bondad de sentarse las señoritas Andara...

LAS ANDARA. *(A una)*.

Queda en pie la Niña Santiago. Se sientan las otras.

LA NINA SANTIAGO. *(Con jovialidad).* Ya se sentaron esas... Es que vienen cansadas... Yo soy más "juerte" que ellas... Como he andado tanto mundo, los ñervos del andalón se vuelven de fierro...

Se acerca al Bachiller Sevilla.

LA NIÑA SANTIAGO. Decime muchacho... Esta guerra es de verdá o es de mentira... Digo así porque siempre se están levantando y nunca se ve cambio... Algunos se levantan solo para fracasar... Yo digo que esa es una mala treta, pues la diligencia se hace para lograr triunfo...

Da un paso más sobre el bachiller Sevilla.

LA NIÑA SANTAGO. ¿Te acordás de Juan Bautista Solís, el que se levantó en Yocón...? Fracasó, aunque era valiente... Cuando lo llevaron a Comayagua y lo condenaron a muerte, citó a un sabio antiguo para decir que a eso estaban condenados todos los hombres... Y cuando se le acercó un cura para confesarlo, le pegó un golpe que allá lo tiró, mientras declaraba que no creía en Dios... Por eso lo enterraron en un potrero lejos de los cristianos... Jí... jí.... jí.... jí....

La giganta casi tiene hipnotizado al bachiller Sevilla.

LA NIÑA SANTIAGO. No me tengás miedo que no te voy a comer. ¿Ahora ustedes están preparando un nuevo fracaso o van a botar a Medina...? Porque para preparar fracasos es mejor no moverse... Solo los tontos preparan fracasos... Vos entendés lo que te estoy diciendo porque sos bachiller... Te conocí cuando estabas estudiando en León... Contestame...
BACHILLER SEVILLA. *(Retrocediendo un paso).* Niña Santiago, nos estamos preparando para botar a Medina...
LA NIÑA SANTIAGO. *(Sonriendo sobre los ojos del bachiller Sevilla).* Has retrocedido, lo que indica que es mentira... A mí no me vas a engañar... Están preparando un fracaso... Lo están preparando

porque no saben esperar... Lo que debían hacer es calentar los ánimos de las gentes de Olancho... Mantenerlos calientes y preparar el triunfo, que será un hecho dentro de cinco años...

Fija los ojos en el Alcalde Rosales.

LA NIÑA SANTIAGO. Se dicen hombres y son unos niños, salvo que quieran cometer un crimen...

ALCALDE ROSALES. Niña Santiago, ese regaño es para Francisco Zavala y para Bernabé Antúnez...

LA NINA SANTIAGO. *(Sonriendo sobre los ojos del Alcalde Rosales).* No es regaño, muchacho, es advertencia, es consejo de vieja entendida... Busquen "cónclave" con Francisco Menéndez en El Salvador y con García Granados en Guatemala... De ambos lados vengo... Dueñas es una muela floja que cualquier torón la saca... Y Carrera está a punto de morir... Pero esto les llevará tiempo... Y hay que prepararse para la hora oportuna...

BACHILLER SEVILLA. Lo que dice, Niña Santiago, debía haberlo expresado en abril...

LA NIÑA SANTIAGO. Estaba en el Santuario de Esquipulas... Ahora lo que tienen que hacer es montar la verdá en las ancas del error... Para que la verdá le arrebate las riendas al error... Y el desastre se convierta en triunfo a medias...

ALCALDE ROSALES Y EL BACHILLER SEVILLA. *(Vivamente interesados).* ¿Cómo?

LA NIÑA SANTIAGO. Háganle al pueblo una promesa que nadie le ha hecho... Prométanle que serán abolidas las deudas... Que se acostarán con deudas y que amanecerán sin ellas... Y habrá un huracán de guerra en el país...

Ríe la Niña Santiago y los hombres del Cabildo se vuelven a ver.

ALCALDE ROSALES Y EL BACHILLER SEVILLA. *(En distintos tonos).* Abolición de las deudas...

LA NIÑA SANTIAGO. *(Sin hacer caso).* Las cosas se hacen o no se hacen... En todas las haciendas hay libros en que apuntan los préstamos. Todo mundo está endeudado. Porque vos trabajás para pagar la deuda, pero mientras la estás pagando, necesitás de hacerte de una nueva deuda, y es una cadena que te consume la vida, y más tarde consume la de tus hijos y tus "ñetos"...

ALCALDE ROSALES Y EL BACHILLER SEVILLA. Tiene razón, Niña Santiago...

LA NINA SANTIAGO. *(Sonriente).* No prometan tímidas hojas de morete... Prometan siemprevivas...

LA NIÑA REFUGIO. *(Quitándose la pipa de la boca).* También les dan el ganado a los cofrades...

LA NIÑA SANTIAGO. *(Retirándose el puro de la boca).* Es urgente abolir los diezmos y las primicias...

LA NINA SANTIAGO. Socorro, Refugio y yo hemos traído nuestra limosna para revolución si la llevan por onde decimos... Ya vengo...

Sale y regresa arrastrando un zurrón.

LA NIÑA SANTIAGO. Contiene cinco mil pesos para que hagan bien las cosas. Son los diezmos que no llevamos allá. Los traemos aquí. Las revoluciones se hacen con pisto. Y el pisto de las revoluciones se cuida... Famosa es la honradez de Cabañas, que deben imitar... Si el que le roba a un particular es castigado una vez, el que le roba a una revolución debe ser castigado diez veces... Las diez veces quiere decir que paga con el pescuezo... Jí... jí... jí... jí...

ALCALDE ROSALES. Señoritas Andara, no nos robaremos un centavo... Y en nombre de la Revolución, les agradecemos el regalo.

LA NIÑA SANTIAGO. Ya nos vamos porque se hace tarde y vivimos lejos. Quedan con Dios.

LA NINA REFUGIO y LA NIÑA SOCORRO. *(A una).* La Virgen los ampare...

ALCALDE ROSALES Y EL BACHILLER SEVILLA. *(A una).* Dios las lleve con bien y las proteja siempre...

Salen las tres gigantas.

***

Se presentan dos hombres altos, fornidos, barbados, con armas al cinto y maneras de grandes hacendados.

LOS DESCONOCIDOS. Buenos días...
LOS MUNICIPALES. Buenos días...
ALCALDE ROSALES. Pasen y digan lo que desean...
PRIMER DESCONOCIDO. Yo soy el coronel Manuel Barahona, hacendado del Valle Abajo...
SEGUNDO DESCONOCIDO. Yo soy Gregorio Barahona, hermano de éste, también hacendado del Valle Abajo...

El bachiller Sevilla les ofrece asiento y los Barahona se sientan.

CORONEL BARAHONA. Seré breve y claro porque en estas ocasiones así debe ser... Venimos huyendo del alboroto de Juticalpa... Matamos al Mayor de Plaza, coronel Macario Martel...
ALCALDE ROSALES. *(Curioso).* ¿Cómo fue eso...?
CORONEL BARAHONA. Andábamos en una serenata con José María Mejía, Tranquilino Matute y otros, cuando sin motivo Martel quiso desarmarnos... Se cruzaron palabras gruesas, y el resultado fue la muerte de Martel...
BACHILLER SEVILLA. Debe haber escándalo en Juticalpa...
GREGORIO BARAHONA. Lo hay... capturaron al diputado José Francisco Rosales... Nosotros escapamos, y venimos a juntar gente para levantarnos contra el gobierno.
ALCALDE ROSALES. *(Con sonrisas).* ¿Como jefes...?
LOS DOS BARAHONA. *(Enfáticos).* Como jefes...
BACHILLER SEVILLA. La revolución se está organizando y ya tiene jefes.
LOS DOS BARAHONA. ¿Quiénes son...?
ALCALDE ROSALES. Los generales Francisco Zavala y Bernabé Antúnez...
LOS DOS BARAHONA. Son valientes... Los vamos a acompañar... ¿Dónde están...?
ALCALDE ROSALES. De aquel lado del río... Vayan allá...
LOS DOS BARAHONA. Sí, vamos allá...

Se levantan, se despiden y salen.

BACHILLER SEVILLA. *(Con desdén)*. Tocayo, esos no son nada... Esos son bandidos... Simples montoneros...
ALCALDE ROSALES. *(Con igual desdén)*. De todo hay en las revoluciones, Tocayo, Montoneros... Forzadores... Ladrones... Asesinos... Tal vez salen buenos para el pleito...
BACHILLER SEVILLA. *(Haciendo ascos)*. Ojalá...

***

Entra con sigilo, viendo a todos lados, un hombre cincuentón, trigueño, alto, membrudo, con el sombrero empalmado en la mano. Se detiene a media sala.

ALCALDE ROSALES. (En voz alta y severa). ¡Qué andás buscando!
EL HOMBRE. *(Con risa forzada)*. Me vengo a presentar. Quiero ayudarles en la guerra.
ALCALDE ROSALES. *(Al bachiller Sevilla)*. Tocayo, ¿lo conoce?
BACHILLER SEVILLA. *(Observando al hombre)*. No, tocayo. ¿Quién es?
ALCALDE ROSALES. *(Indignado)*. Es el famoso Machucachiles de San Francisco de la Paz... (A Machucachiles). ¿Sabés vos que la guerra con ser arte de muerte, tienen una moral?
MACHUCACHILES. *(Jugando los hombros y con voz sorda)*. Desde chigüín he matado y ofrezco lo que sé. Lo demás no me importa.
ALCALDE ROSALES. *(Enfático)*. José María Rosales, Bernabé Antúnez y Francisco Zavala somos honrados. El ejército que estamos formando reúne a los hombres honrados de Olancho. Así es que esta revolución es el cristal de la honradez y por lo mismo rechaza a los bandidos como vos... ¿O es que creés que estamos organizando un ejército de asesinos? ¡Te equivocás! *(Descansa)*. ¿Has andado en las guerras anteriores?
MACHUCACHILES. *(Con la frente inclinada)*. Sí.

ALCALDE ROSALES. ¿Qué has hecho en ellas?

MACHUCACHILES. Pelear como hombre. Si quiere, le muestro las cicatrices.

ALCALDE ROSALES. ¡Mentís! Los asesinos son cobardes. Cuando tienen las armas en la mano las envilecen en bajezas. Vos te has dedicado a robar, a forzar, a destripar infelices, a descuartizar mujeres y niños, en Guacoca le abriste la caja del cuerpo a un hombre, le arrancaste el corazón, lo asaste y te lo comiste, mientras los valientes peleaban como fieras. Nosotros nos avergonzamos de que seás olanchano. Y no cometeremos el error de aceptarte en el Ejército... *(Gritando).* ¡Brígido! ¡Brígido Ruiz! ¡Comandante local! *(Al bachiller Sevilla).* ¡Tocayo, prendamos a Machucachiles para someterlo a juicio!

MACHUCACHILES. *(Rugiendo).* ¡Juro ante Satanás que me la pagan!

El Alcalde Rosales y el bachiller Sevilla sacan sus armas de fuego y avanzan sobre Machucachiles. Machucachiles extrae un puñal de la camisa, retrocede rápido y al estar junto a la puerta, salta como el venado y desaparece.

BACHILLER SEVILA. *(Fatigado).* Se nos fue... ¿Qué iba a hacer con él?

ALCALDE ROSALES. *(Con grueso resuello).* Yo nunca he derramado una gota de sangre, tocayo. Pero le juro que a ese criminal lo hubiera mandado a fusilar. Esos bandidos son los que corrompen las revoluciones y los gobiernos.

BACHILLER SEVILLA. Si tal era su intención lo hubiera amansado, después lo captura y se lo vuela.

ALCALDE ROSALES. Fue que al verlo se me subió la sangre.

BACHILLER SEVILLA. El gobierno de Guardiola pagaba doscientos pesos por su captura vivo o muerto.

ALCALDE ROSALES. *(Poniéndose el índice en la boca).* Tocayito, me asalta una idea. De repente Machucachiles anda de espía del Comandante de Armas de Juticalpa.

BACHILLER SEVILLA. Doble razón para lamentar que no lo haya amansado. Pedro Fernández ya debe tener sus espías en Manto.

ALCALDE ROSALES. *(Pensativo).* Francamente, soy un viejo caballo.

Ambos avanzan y se sientan detrás de la gran mesa consistorial.

***

Se presenta y avanza Julián Escobar con solemnidad hacia la gran mesa. Se detiene y saluda con marcialidad.

JULIÁN ESCOBAR. Señor Presidente Provisional del Gobierno Revolucionario de Olancho... *(Entrega una nota).* La nota que le entrego contiene la orden general de haber organizado el Ejército que va a derrumbar el gobierno despótico que sufre el país... Como ayudante de Órdenes de los generales Antúnez y Zavala, tengo el gusto de ponerla en sus apreciables manos...

El Alcalde Rosales toma la nota y se la pasa al bachiller Sevilla para que lea en voz alta.

ALCALDE ROSALES. Léala, señor Secretario...

BACHILLER SEVILLA. *(Leyendo).* "ORDEN GENERAL DE LOS JEFES MILITARES BERNABÉ ANTÚNEZ Y FRANCISCO ZAVALA. MANTO, PRIMERO DE ENERO DE MIL OCHOCIENTOS SESENTA Y CINCO. BAJO NUESTRO MANDO QUEDAN ORGANIZADAS LAS TROPAS QUE VAN A LUCHAR CONTRA EL GOBIERNO DESPOTICO EXISTENTE EN LA REPUBLICA PARA SUBSTITUIRLO POR UN GOBIERNO POPULAR, CUMPLIDOR DE LA JUSTICIA Y RESPETUOSO DE LAS LEYES QUE ACONSEJAN LOS TIEMPOS. LOS SUSCRITOS OPERARÁN DE COMÚN ACUERDO, UNIDOS O SEPARADOS, SEGÚN LAS CONVENIENCIAS DE LA GUERRA, Y NOMBRAN COMO LUGARTENIENTES A LOS CORONELES SERAPIO ROMERO Y CIRILO MENDOZA, QUIENES A SU VEZ SERÁN COMANDANTES DE LA CABALLERÍA Y LA INFANTERÍA, SEGÚN LAS CIRCUNSTANCIAS. EL EJÉRCITO

SERÁ OBEDIENTE Y DISCIPLINADO ANTE EL GOBIERNO REVOLUCIONARIO CONSTITUIDO EN OLANCHO, BAJO LA DIRECCION DEL CIUDADANO JOSÉ MARÍA ROSALES, ALCALDE MUNICIPAL DE MANTO. FIRMADO Y RUBRICADO: BERNABÉ ANTÚNEZ. FRANCISCO ZAVALA".

Julián Escobar da vuelta marcial, se desprende del hombro una corneta y toca dianas.

NOTAS

EJÉRCITO OLANCHANO

Del descontento general del pueblo por los diezmos y las primicias, más las prestaciones privadas y las tributaciones coloniales del Estado, al sonar el clarín de la insurrección, se formó el ejército olanchano con una sorprendente espontaneidad. Fue un levantamiento general que se organizó en tropas allí donde la explotación humana había llegado al colmo.

No es fantasía que hasta las tribus indígenas prestaron su cooperación militar con flechas y lanzas. También los negros esclavos de Silca, que fueron liberados hasta que llegó el gobierno de Soto. Y los siervos que prestaban servicios agrícolas y ganaderos en las haciendas y en las partidas.

Un ejército de tal naturaleza, con jefes civilizados como eran Antúnez y Zavala, no iba a degenerar en una montonera en que fuera ley el bandidaje. Al contrario, iba a levantarse a la altura de una guerra social, que eso fue en el fondo la insurrección de Olancho de 1864 a 1865, razón por la cual fue tan persistente y fue contrarrestada con tanta decisión y barbarie.

LOS BARAHONA

Eran tres hermanos. Manuel murió en el asalto de Juticalpa. Gregorio acompañó la revolución hasta la derrota final. Y Francisco fue capturado por las fuerzas medinistas y pasado por las armas en la plaza de Juticalpa. ¡Eran hombres magníficos!

CUARTO ACTO: LA REVOLUCIÓN

A LA DISTANCIA, CON ECOS MONOTONOS, SUENAN LOS CUERNOS DE GUERRA, EN EL NORTE EN EL SUR, EN EL ESTE Y EN EL OESTE, INDICANDO LA VIGILANCIA DE LOS RETENES.

En el centro de la población de Manto, los vecinos se han reunido en cabildo abierto a deliberar sobre la ayuda que prestarán para ganar la guerra.
El Alcalde Rosales, desde la tribuna de los festejos patrios, dirige la palabra a los vecinos.

ALCALDE ROSALES. *(Emocionado).* ¡Queridos vecinos mantuanos....!¡Una vez oí hablar al licenciado Simón Ortiz de la vanguardia y la retaguardia en guerra...! ¡Decía que cuando la retaguardia se cruzaba de brazos, la vanguardia era derrotada...!

Se detiene.

ALCALDE ROSALES. ¡Es lo mismo que si los que están atrás no les ayudan a los que están adelante en un trabajo cualquiera...!¡Es lo mismo que si las mujeres destinadas al oficio de la casa, no nacen el almuerzo que han de comer los trabajadores que hacen la milpa en la montaña...!

Descansa.

ALCALDE ROSALES. ¡Yo no me puedo explicar de otro modo, pero ustedes me entienden, en forma que las palabras que me falten ustedes las ponen, y los pensamientos que noten incompletos ustedes los completan...!
GRITO INDIVIDUAL. *(Desde el fondo de la muchedumbre).* ¡Siga sin cuidado, don Chema, que va por buen camino...!

Murmullos.

ALCALDE ROSALES. *(Con más calor)*. ¡Quería decir, que nosotros, hombres y mujeres, que hemos quedado en la retaguardia, debemos ayudar a los quinientos hombres que se fueron a la guerra a pegarle fuego al monte de la tiranía y a sembrar la milpa de la libertá...!

GRITO CORAL. ¡Bravo....! ¡Viva el Alcalde Rosales...! ¡Bravo...!

ALCALDE ROSALES. *(Enardecido)*. ¡El municipio de Manto pasa hoy de las actividades de la paz a las actividades de la guerra...! ¡Desde hoy es un municipio revolucionario...! ¡Todos sin excepción vamos a trabajar en los afanes de la revolución hasta alcanzar el triunfo...!

GRITO INDIVIDUAL. ¡Viva el Alcalde Revolucionario don José María Rosales...

GRITO CORAL. ¡Vivaaa...!

ALCALDE ROSALES. *(Inclinándose sobre la tribuna)*. Díganme concretamente si la comunidad mantuana debe ayudar al ejército que comandan los generales Bernabé Antúnez y Francisco Zavala...! ¡Díganme concretamente si el pueblo mantuano debe militar en las filas de la Revolución...!

GRITO INDIVIDUAL. ¡Sí, no hay necesidad de preguntarlo...

GRITO CORAL. ¡Sí....! ¡Sí....! ¡Sí....!¡Sí....!¡Sí...!¡Sí....!

ALCALDE ROSALES. *(Inclinándose sobre la tribuna)*. ¡Informo que la autoridad municipal sigue como estaba...!¡Alcalde, José María Rosales, humilde servidor de ustedes...!¡Regidores, Agripino Díaz, Margarito Castro, Toribio Sánchez, Wenceslao Suazo y Adrián Carranza...! ¡Síndico, José Antonio Mejía...! ¡Y secretario, bachiller José María Sevilla! ¡Quiero oír si están de acuerdo con la autoridad revolucionaria mencionada...!

GRITO INDIVIDUAL. ¡Lo que usté diga, don Chema...!

GRITO CORAL. ¡Sí....!¡Sí....!¡Sí....! ¡Sí...!¡Sí....!¡Si....!

ALCALDE ROSALES. ¡Entonces, trabajaremos en armonía en favor de la revolución...! ¡La autoridad les va a decir lo que tienen qué hacer...! ¡Y ustedes tienen que cumplir lo que la autoridad les diga...!

Descansa.

ALCALDE ROSALES. ¡Viva el pueblo de Manto...! ¡Viva la Revolución...!¡Muera la tiranía...!
GRITO CORAL. ¡Vivaaa...! ¡Mueraaa...!

Aclamación de la muchedumbre para el Alcalde Rosales. Pasa el Pregón Municipal dando las últimas noticias de la guerra, con un canto característico.

EL PREGÓN. *(Que se acerca, pasa y se aleja).* Año de 1865... ¡¡Mes revolucionario de enero...!! ¡Las fuerzas de Antúnez y Zavala atacan la plaza de Juticalpa y se retiran...! ¡Fue capturado el coronel Manuel Barahona y pasado por las armas por las tropas del gobierno!

Sesión de la Municipalidad revolucionaria de Manto. Preside el Alcalde Rosales con asistencia de algunos Regidores y actúa en la Secretaria el Bachiller Sevilla.

ALCALDE ROSALES. *(Con fuego).* ¿Qué es lo primero que necesita una guerra? Hombres. ¿Qué es lo segundo? Armas. Ahora, juntando las dos cosas, una guerra necesita hombres armados...

Piensa.

ALCALDE ROSALES. Tenemos que ofrecerles a los generales Antúnez y Zavala, con frecuencia constante, hombres armados... y más hombres armados... y más hombres armados...

Los munícipes mueven la cabeza afirmativamente.

ALCALDE ROSALES. No corre de nuestra cuenta el aprovisionamiento de bestias para transportes porque la región de Olancho es la más rica en yeguares que "haiga" en Centro América... De ésto ustedes están sabidos...

Mueven la cabeza los munícipes.

ALCALDE ROSALES. Tampoco corre de nuestra cuenta la alimentación de las tropas, porque sobran la carne, la leche, la mantequilla, el queso en la región más ganadera del Ismo, como dice el bachiller Sevilla...

Aprieta los puños y golpea la mesa.

ALCALDE ROSALES. ¡Hombres armados es el cuento!
AGRIPINO DÍAZ. *(Saltando impetuoso).* ¡Me ofrezco para el reclutamiento en el distrito de Yocón!
WENCESLAO SUAZO. *(Con igual vigor).* ¡Yo traeré la gente de Agalta...! ¡Basta con hablarles a los MÉndez, a los Argueta y a los Sarmiento...
JOSÉ ANTONIO MEJÍA. *(Con suficiencia).* Vendrán las armas a Manto... Soy amigo de la Juliá... Ellos tienen trato diario con Belice...
ALCALDE ROSALES. Las viejas Andara dejaron ese zurrón lleno de pisto... Hay cinco mil pesos... Son los diezmos que pagan... En vez de llevarlos allá, se los dan a la revolución...
JOSÉ ANTONIO MEJÍA. No había pensado usté en el dinero, don José María... Las armas se obtienen con dinero...
ALCALDE ROSALES. *(Sonriendo).* Es verdá, don José Antonio... Quizá pensaba en que, como de costumbre, se le quitan al enemigo...
JOSÉ ANTONIO MEJÍA. Hay dos formas de obtenerlas... Comprándolas y arrebatándolas... Iré a Trujillo a hablar con los Juliá y ellos que hagan el negocio con Belice...
ALCALDE ROSALES. Hay que llevar mucho pisto
JOSÉ ANTONIO MEJÍA. Yo sé cómo reunirlo... Confíe en mí...
ALCALDE ROSALES. *(Al bachiller Sevilla).* En el libro que tiene allá, tocayo, levante el acta respectiva... ¿Tienen algo qué agregar...?

Los munícipes mueven la cabeza negativamente.

ALCALDE ROSALES. Se levanta la sesión.
Gritos del Pregón Municipal dando las últimas noticias de la guerra, con su canto característico.
EL PREGÓN. ¡Año de 1865! ¡Mes revolucionario de enero...!¡Las tropas de Antúnez y Zavala derrotaron a las tropas del

gobierno comandadas por Joaquín Medina en las inmediaciones de Manto...!

Pausa.

EL PREGÓN. ¡Año 65...! ¡Mes revolucionario de enero...!¡Las tropas de Antúnez y Zavala derrotaron a las tropas del gobierno comandadas por esteban burgos en las inmediaciones de san francisco de la paz...!

Sesión de la Municipalidad revolucionaria de Manto. Están presentes el Alcalde Rosales, algunos Regidores, varios Concejales y el Secretario Sevilla.
Es una sesión especial para dar instrucciones revolucionarias a los Alcaldes Auxiliares de las aldeas, que portan sus respectivas varas de mando y se sientan frente a los munícipes.

ALCALDE ROSALES. *(Al Secretario)*. Hágame el favor de leerles a los Auxiliares la Ley Municipal en la parte que contiene las atribuciones de ellos...
BACHILLER SEVILLA. *(Tomando la Gaceta que contienen la Ley Municipal)*. A los Alcaldes Auxiliares de los barrios, aldeas y caseríos, como agentes municipales, les corresponde:
PRIMERO: La policía de orden, seguridad y sanidad, en su respectiva jurisdicción.
SEGUNDO: La inspección de las escuelas, caminos, trabajos y establecimientos públicos.
TERCERO: La conservación de los bienes de la comunidad.
CUARTO: La ejecución de las leyes y el cumplimiento de las órdenes que les comunique cualquier superior municipal.
QUINTO: La protección a los particulares, sus trabajos y bienes y el auxilio a los funcionarios públicos. Y,
SEXTO: Poner inmediatamente en conocimiento de la Municipalidad la llegada de todo individuo de extraña jurisdicción, sin objeto conocido.
Es todo.

Los Alcaldes Auxiliares han oído con suma atención sus obligaciones.

ALCALDE ROSALES. Ya oyeron ustedes las atribuciones de los Auxiliares cuando este Municipio estaba al servicio del orden, la seguridad, la conservación de los bienes y la protección de las personas de los Vilardebó, los demás ganaderos del Valle Arriba y las cofradías religiosas...

El Alcalde Rosales pasea la mirada sobre los Alcaldes Auxiliares.

ALCALDE ROSALES. Las cosas han sufrido modificaciones. El Municipio revolucionario de Manto, por nuestro medio, ordena a sus Alcaldes Auxiliares, lo siguiente:

Saca sus anteojos, se los pone, toma un papel de la mesa y lee.

ALCALDE ROSALES. PRIMERO: Los Alcaldes Auxiliares harán en sus jurisdicciones que les sean devueltos sus bienes, sean cuales fueren, a las tribus indígenas en el menor tiempo posible. Para cumplir esta orden se valdrán del auxilio de la comunidad, y si ésta fuere insuficiente de la fuerza armada.
SEGUNDO: Los Alcaldes Auxiliares notificarán a los propietarios de esclavos que los hagan venir a este pueblo para darles su carta de libertad sin indemnización.

Alza la mano un Alcalde Auxiliar y luego se levanta para decir:

ALCALDE AUXLIAR. Señor Alcalde, perdone que lo interrumpa... pero no puedo callar por más tiempo que usté se parece con el Santo Misionero...

Se sienta. Los demás Alcaldes Auxiliares lo vuelven a ver y aprueban lo dicho.

ALCALDE ROSALES. *(Agradecido, viendo sobre los anteojos).* Tal vez no tanto... Esperen lo que sigue para que me vean mejor...

Sigue leyendo.

ALCALDE ROSALES. TERCERO: Los Alcaldes Auxiliares constituirán a los hermanos de las cofradías en propietarios de los hatos que cuidan, entregándoles los semovientes de sus respectivas zonas, y haciéndolos venir a esta Alcaldía para extenderles sus títulos.

Sorpresa en los Alcaldes Auxiliares. Sin pedir la palabra se levanta otro para decir.

OTRO ALCALDE AUXILAR. Señor Alcalde, usté está haciendo la justicia de Nuestro Señor Jesucristo cuando sacó a latigazos a los mercadores del Templo... Es una cosa por otra...
ALCALDE ROSALES. *(Más que satisfecho).* Muchas gracias... Pero le ruego no compararme con el Hijo de Dios, que es pecado...

Sigue leyendo.

ALCALDE ROSALES. CUARTO: Los Alcaldes Auxiliares harán que los propietarios que deban servicios de largos años a sus mozos agrícolas y campistas, se los hagan efectivos sin tardanzas y sin nuevos convenios...

Se levanta otro Alcalde Auxiliar para decir.

TERCER ALCALDE AUXILIAR. Es verdá. No les gusta pagar a los malditos... Los pobres peones trabajan de sol a sol y nunca ven un real... Lo que ven son promesas y mentiras...
ALCALDE ROSALES. *(Viendo sobre los anteojos).* Tenemos ojos para ver... Esto hace tiempo lo vemos...

Sigue leyendo.

ALCALDE ROSALES. QUINTO: Quedan abolidos los quintos de los propietarios mineros y agrícolas; los diezmos y las primicias de la Iglesia; las alcabalas y los impuestos de la sal, el tabaco y la pólvora del Gobierno, y en general, las deudas de los pobres.

Delirio de los Alcaldes Auxiliares. No se pueden detener, y aplauden. Los aplausos se extienden a los corredores del cabildo.

ALCALDE ROSALES. *(Sonriente).* Voy a leer el último punto:

Leyendo.

ALCALDE ROSALES. SEXTO: ¡En el pueblo de Manto funcionará un Consejo de guerra para juzgar y castigar la resistencia de los enemigos del pueblo...!

Deja caer el papel en la mesa.

ALCALDE ROSALES. Señores Alcaldes Auxiliares: ¿Juran cumplir y hacer cumplir las instrucciones que da la Alcaldía Revolucionaria de Manto, con funciones de Gobierno de Olancho?

Se levantan rápidos los Alcaldes Auxiliares.

LOS ALCALDES AUXILIARES. ¡Juramos!
ALCALDE AUXILIAR DE AMACUAPA. Señor Alcalde Rosales, creo que todos damos el pescuezo en el cumplimiento de esas órdenes...
LOS DEMÁS ALCALDES AUXILIARES. ¡Sí...!¡Si...!¿Sí...!
ALCALDE AUXILIAR DE SAN JUAN DE JIMASQUE. Más que Auxiliares somos soldados, y ¡ay! ¡ay! ¡ay! ¡ya van a ver..!
ALCALDE ROSALES. *(Satisfecho).* Se levanta la sesión.

Abrazos de los munícipes. Delirio en la sala. Aplausos en los corredores. Vivas al Alcalde Rosales y a Antúnez y Zavala en todas partes.

En la calle, se acerca, pasa y se aleja el Pregón Municipal.

EL PREGÓN. ¡Año de 1865! ¡Mes revolucionario de febrero! ¡Las fuerzas de Antúnez y Zavala derrotan a las fuerzas del gobierno comandadas por el coronel Pablo Nuila en el combate de Tilapa...!

Pausa.

EL PREGON. ¡Año del 65! ¡Las tropas de Antúnez y Zavala derrotan a las fuerzas del gobierno comandadas por el general Mariano Álvarez en el combate del Camotal...!

***

Sesión extraordinaria en la Alcaldía Municipal de Manto. Con carácter de Presidente Revolucionario, Gobernador de Distrito y Alcalde Municipal, dirige el señor José María Rosales. Asisten a la sesión los Alcaldes distritales de Yocón y Agalta y los Alcaldes municipales de Silca, Salamá, La Unión, Jano, Concordia y San Francisco de la Paz. Total nueve. Es invitado especial el licenciado Simón Ortiz de Jano. Desempeña la Secretaría el bachiller José María Sevilla.

ALCALDE ROSALES. *(Desde su lugar de honor).* ¡Señores Gobernadores de Distrito y señores Alcaldes municipales, los felicito por la labor que han realizado a la cabeza de sus respectivos pueblos en favor de la guerra de la libertá! ¡Es admirable cómo se ha trabajado en la retaguardia para que el Ejército alcance victorias tan gallardas...!
Pausa.

ALCALDE ROSALES. ¡El año 65 ha sido de triunfos para nuestras armas. Los meses de enero, febrero, marzo, abril, mayo y junio están llenos de derrotas del enemigo... En esos meses han sido derrotados los jefes gobiernistas Joaquín Medina, Esteban Burgos, Pablo Nuila, y lo que es más interesante, los generales Mariano Álvarez, Juan López y Juan Antonio Medina, el famoso Medinita...

Pausa.

ALCALDE ROSALES. ¡Señores: la lucha de la retaguardia y la vanguardia ha sido dura. Pero vamos ganando esta lucha, porque ya nos salimos de la región de Olancho. Quiero informarles que las tropas de Antúnez y Zavala han llegado a Cedros, y creo que están para caer sobre Comayagua, capital de la República...

Delirio en la sala.

ALCALDE ROSALES. Tenemos derecho a un descanso... En obsequio a los triunfos del pueblo y de su Ejército... Y en honor de ustedes, vamos a tener un día de fiesta... Todo está listo... Los nacatamales y las mistelas de Engracia Araque... Las sorpresas de Brígido Ruiz... Música de guitarras y acordeones... Bailes en los barrios y caseríos cercanos... Paseos de los enamorados que en los afanes de la guerra han olvidado hasta el amor... En fin, la mar y sus conchas... De modo que ahora los invito a gozar... Se levanta la sesión...

Regocijo en la sala. En orden sucesivo cantan unos cantadores con guitarra.

ACORDEONISTA. ¡Empecemos en el cabildo con una pieza alegre!

Al terminar el acordeonista, aplausos de las autoridades revolucionarias y del pueblo que llena los corredores.

PRIMER CANTOR. *(Trinando la guitarra).* ¡Ay les va una...!

El año 65, botamos a Medinón,
el año 65, botamos a Medinón...
Alegrate, prieta vieja
por brindarte esta canción.
Alegrate, prieta vieja,
por brindarte esta canción...
El año 65, botamos a Medinón,
el año 65, botamos a Medinón...
No estés agria, prieta vieja,
como el jugo del limón...
No estés agria, prieta vieja,
como el fugo del limón.

El año 65, botamos a Medinón,
el año 65, botamos a Medinón...
Dame, prieta, tus primores

y te doy el corazón...
Dame, prieta, tus primores
y te doy el corazón.
El año 65, botamos a Medinón...

Delirio. Aplausos estruendos en todas partes. Avanza otro cantor.

SEGUNDO CANTOR. *(Trinando la guitarra).* ¡Ay les va una despedida...!

Ya me voy para la guerra
con las armas de pelear.
Yo te ruego, niña mía,
no me vayas a olvidar.

A los ángeles del cielo
les voy a mandar a pedir
una pluma de sus alas
para poderte escribir.
Si regreso salvo y sano,
Dios me deje regresar...
Preparate, niña mía,
que nos vamos a casar.

A los ángeles del cielo
les voy a mandar pedir
una pluma de sus alas
para poderte escribir.

Si me matan en la guerra
y termina mi ilusión,
yo te pido aquí una lágrima,
un suspiro, una oración.

A los ángeles del cielo
les voy a mandar pedir
una pluma de sus alas
para poderte escribir...

Delirio. Gritos y aplausos. Avanza otro cantador.

TERCER CANTADOR. *(Pulsando la guitarra).* ¡Ay les va una parecida...!

    Prestame tu pañuelito
    para formar un letrero
    que digan las cinco letras,
    negrita por vos me muero.

    No te portés tan ingrata
    con este pobre que te ama,
    que solo es sincero el pobre,
    solo él sabe qué es amor.

    La noche la paso triste,
    el día con qué dolor,
    suspirando me anochece,
    llorando me nace el sol.

    Aquel que ayer preferiste
    piensa reírse de vos
    porque es gorrión que le gusta
    pasearse de flor en flor.

    Malhaya con las mujeres
    que pagan con el desdén
    al que las quiere deveras
    y les procura su bien.

    Prestame tu pañuelito
    para formar un letrero
    que digan las cinco letras,
    negrita por vos me muero...

Delirio. Aplausos y gritos. Avanza otro cantador.

CUARTO CANTADOR. *(Pulsa la guitarra y se aclara la garganta).* ¡Hay les va ésta que es alegre...!

> Yo te quise mucho, mucho...
> Te lo dije con pasión,
> de palabras, por escrito,
> con razones... Sí, señor...
>
> Pero sos despreciativa,
> porque Diablos sos así...
> Si hay mujeres a montones
> que me quieren mucho a mí...
>
> Fue mentira tu remilgo
> y ahora estás con gran dolor,
> reventada y amolada
> y estropeada, sin amor...
> El demonio te ha llevado
> porque tengo otro primor
> chiquita y bien bonita,
> un regalo de mi Dios...
>
> Yo te quise mucho, mucho...
> Pero todo ya cambió,
> conformate con la jaula
> que ya el pájaro voló...

Delirio de la concurrencia. Gritos y aplausos.

VOCES VARONILES. ¡Vamos a la mistela y a los nacatamales...!
VOCES FEMENILES. ¡Vamos a los bailes...!

Entre tanto, el Pregón Municipal viene, pasa y se aleja dando las principales noticias de la guerra.

EL PREGÓN. ¡Año de 1865...! ¡Mes revolucionario de junio...! ¡Las tropas revolucionarias derrotaron al general Juan López, uno de los mejores jefes del general medina...!

Pausa.

EL PREGÓN. ¡Año del 65...! ¡Mes revolucionario de junio...! Las tropas revolucionarias derrotaron al general Juan Antonio Medina, el famoso Medinita, hombre de confianza del presidente medina...

Pausa.

EL PREGÓN. ¡Año del 65...! ¡Mes revolucionario de junio...! ¡Los generales Antúnez y Zavala tomaron la ciudad de cedros, estando a tiro de fusil de la capital de Comayagua...!

* * *

La fiesta ha continuado. Se da por segura la caída de Comayagua. La música, los cantos, los bailes se han multiplicado. Los hombres que llevan la responsabilidad de la revolución, siempre forman grupos aparte. En uno de ellos se hallan el Alcalde Rosales, el bachiller Sevilla y el licenciado Ortiz, conversando animadamente, cuando llega un hombre sudoroso y raído.

EL HOMBRE. *(Con voz fuerte)*. ¡Alcalde Rosales, permítame un momento....!
ALCALDE ROSALES. *(Al grupo)*. Con permiso que me llaman... *(Se acerca al hombre)*. ¿Qué querías...?
EL HOMBRE. ¡Soy el correo...! ¡Vengo de Cedros...! ¡Se pelearon...!
ALCALDE ROSALES. ¿Quiénes...?
CORREO DE CEDROS. ¡Antúnez y Zavala...! ¡Uno quería hacer gobierno en Tegucigalpa, que está con la revolución, y el otro quería tomar a Comayagua de una vez...!

ALCALDE ROSALES. ¡Santo Dios...! ¡Qué desgracia! ¡Han violado el juramento...! ¡Estamos perdidos sino se ponen de acuerdo...! ¿Y qué más supiste...?

CORREO DE CEDROS. ¡Vienen de regreso...! ¡Cada uno con su tropa...!

ALCALDE ROSALES. *(En voz alta).* ¡Licenciado Ortiz, permítame un momento!

Llega el licenciado Ortiz. El correo de Cedros se retira a una indicación del Alcalde Rosales, hablan en secreto y luego elevan la voz.

LICENCIADO ORTIZ. Descuide, don José María... Yo los pongo de acuerdo... Deme una buena mula y que me acompañen dos hombres de confianza...

ALCALDE ROSALES. Nadie debe saber esto porque se desmoraliza la gente...

LICENCIADO ORTIZ. Hasta donde sea posible...

ALCALDE ROSALES. Le voy a dar mi mula... Es vivísima como la gente... Se llamaba Ceniza porque en los cerros se confunde con las piedras... *(Alzando la voz).* ¡Tocayo, tocayo, José María...!

Llega el Secretario. Lo ponen en conocimiento de lo que pasa en voz baja. Se sorprende el bachiller Sevilla, quien queda en el lugar y se van el Alcalde Rosales y el licenciado Ortiz. Nervioso se pasea el Secretario Municipal, cuando llega otro hombre preguntando por el Alcalde Rosales.

EL HOMBRE. Soy correo... Vengo de Comayagua... Traigo una nota de los amigos de allá para el Alcalde Rosales...

BACHILLER SEVILLA. ¿Es personal...?

EL CORREO DE COMAYAGUA. Puede verla el Secretario Municipal...

BACHILLER SEVILLA. Yo soy el Secretario Municipal... Démela...

Rompe el sobre, extiende la nota, lee y se pone todavía más nervioso.

BACHILLER SEVILLA. ¡Santo Dios! ¡Ha empezado el desastre! ¡Unos peleados y en retirada! ¡Y el otro lanzándose sobre Olancho!

Piensa.

BACHILLER SEVILLA. ¿Qué más supo en Comayagua...?
CORREO DE COMAYAGUA. Vi el movimiento de tropas. Viene Medina en persona. No supe más.
BACHILLER SEVILLA. No diga nada a nadie.
CORREO DE COMAYAGUA. Soy correo de secretos.
BACHILLER SEVILLA. Busque qué comer, alma de Dios...

Regresan el Alcalde Rosales y el licenciado Ortiz.

ALCALDE ROSALES. ¡Qué desgracia! Han violado el juramento, tocayito...
BACHILLER SEVILLA. Violar un juramento trae cosas como la que les voy a leer:
"MANIFIESTO DEL COMANDANTE SUPREMO DEL EJERCITO DE HONDURAS, GENERAL JOSE MARÍA MEDINA, A LOS PUEBLOS DE OLANCHO. "La región olanchana ha sido víctima del desorden que provocaran las facciones desde 1863. Esas facciones actuaron con más osadía criminal en 1864. Y en el año que transcurre, en 1865, han llegado a propagar sus daños hasta el propio centro de la República, al tomar la ciudad de Cedros y amenazar los departamentos de Tegucigalpa y Comayagua. Como han resultado ineficaces los esfuerzos pacificadores de los militares que he mandado a la región olanchana, me veo en el caso de entregar la Presidencia de la República, con carácter provisional, al señor Consejero don Crescencio Gómez, y marchar con un Ejército bien equipado hacia la zona afectada para acabar con las facciones olanchanas. Las leyes de la guerra son terribles, pero necesarias para salvar a la Nación y devolver a las gentes de orden el alivio de la paz. Yo abrigo una feliz confianza en que luego desaparecerán esas pequeñas facciones. LO CREO ASÍ PORQUE QUIERO Y SÉ CÓMO DEBO DESTRUIRLAS. José María Medina, Comandante

Supremo del Ejército de Honduras. Comayagua, 30 de junio de 1865".

Termina la lectura, los hombres quedan cabizbajos. Al rato, levantan la cabeza y toman resoluciones.

ALCALDE ROSALES. *(Con gravedad).* No hay que perder la moral...
LICENCIADO ORTIZ. *(Con severidad).* Alguien dijo: "Son usos de la guerra vencer y ser vencidos". Pero aún no estamos vencidos. Estamos luchando. Lo que debemos hacer es poner de acuerdo a los generales Antúnez y Zavala. Y una vez que estén de acuerdo ellos, ya podremos enfrentar con éxito al enemigo mayor...
BACHILLER SEVILLA. *(Dibujando una sonrisa de complacencia).* Sus palabras, licenciado Ortiz hacen que siga en nosotros la esperanza...
ALCALDE ROSALES. *(Pensativo).* Quién sabe que efecto van a producir estas noticias en el pueblo mantuano y en todo Olancho...
LICENCIADO ORTIZ. Don José María, siempre hay que decir la verdad al pueblo...
BACHILLER SEVILLA. Tiene razón, licenciado. La verdad en estos casos, vigoriza a los vigorosos y desmoraliza a los cobardes. Creo que en la nueva situación solo debemos tener fe en los vigorosos...
ALCALDE ROSALES. Tocayo, sus palabras están en la Biblia. Diré al Pregón Municipal que comunique la noticia, y después veremos lo que se hace con los valientes...
LICENCIADO ORTIZ. *(Dándoles la mano).* Voy a cumplir la comisión que se me ha encomendado...

Se va. El Alcalde Rosales va a la puerta. Habla con alguien y vuelve.

ALCALDE ROSALES. El Pregón informará ya nuestra doble tragedia... Dios mío, cuánto cuesta a los pueblos la violación de un juramento de sus hombres. *(Con voz quebrada por la emoción).* Toda la vida he tenido alma de valiente, pero con esta desgracia me dan ganas de llorar...

BACHILLER SEVILLA. Los héroes más salientes de la historia han llorado cuando han sido abatidos por el infortunio...

En la calle principal del pueblo, viene, pasa y se aleja el Pregón Municipal.

EL PREGÓN. ¡Año de 1865...! ¡Mes revolucionario de julio! ¡Reveses para nuestras armas en el frente de guerra...! ¡Los generales Antúnez y Zavala entran en discordia y se dividen, porque uno quiere establecer gobierno en Tegucigalpa y otro quiere tomar la ciudad de Comayagua de una sola vez...!

Pausa.

EL PREGÓN. ¡Año del 65...! ¡Mes revolucionario de julio...! ¡Los generales Antúnez y Zavala regresan de Cedros con sus tropas divididas en dirección de Olancho...!

Pausa.

EL PREGÓN. ¡Año del 65...! ¡Mes revolucionario de julio...! ¡El presidente Medina ha lanzado en Comayagua un manifiesto en que le ofrece exterminio a la región de Olancho y se encamina hacia acá a la cabeza de un poderoso ejército...!!!

Pausa.

EL PREGÓN. ¡Año del 65...! ¡Mes revolucionario de julio...! ¡La ofensiva del ejército revolucionario de Olancho se vuelve defensiva por la división de Antúnez y Zavala y el presidente Medina atacara ventajosamente a las fuerzas divididas...!

NOTAS

CEDROS. Las tropas revolucionarias comandadas por los generales Bernabé Antúnez y Francisco Zavala llegaron con toda felicidad a Cedros, dispuestas a continuar la marcha hacia Comayagua capital de la República.

Nuestros informantes no pudieron decir la razón que hubo para que Antúnez y Zavala entraran en desacuerdo. Vagas sospechas hay de que uno de ellos era partidario de llegar antes a Tegucigalpa, de donde habían sido llamados jubilosamente, mientras que el otro se inclinaba al ataque inmediato sobre la capital.

La verdad es que de Cedros regresaron a Olancho formando dos columnas que en lo sucesivo operaron separadamente hasta llegar al fracaso.

SIMÓN ORTIZ. Originario de Jano. Personalidad olanchana del siglo XIX. Abogado, había viajado mucho, dominaba varios idiomas. Fue catedrático en la Universidad Nacional. El abogado Leandro Valladares fue alumno de él y hacía gratas memorias de su inteligencia y erudición.

QUINTO ACTO: EL TERROR

EL SONORO CLARÍN DEL EJÉRCITO DEL PRESIDENTE MEDINA TOCA ALEGRES DIANAS EN LA PLAZA DE MANTO. EN EL PUEBLO HAY DESOLACIÓN. TODAS LAS PUERTAS ESTÁN CERRADAS.

Solo dos hombres han quedado en el Cabildo Municipal. Esos dos hombres son el Alcalde José María Rosales y el Bachiller José María Sevilla. Suceda lo que suceda, ellos enfrentarán allí la penosa situación.

ALCALDE ROSALES. *(Con voz firme).* Tocayo, comprenda que yo tengo deberes que cumplir, jurados ante Dios y ante los hombres... Mientras que usted depende de un simple nombramiento... Así es que le ruego marcharse, conservar la vida para mejores días...

BACHILLER SEVILLA. *(Con firme voz).* Tocayo no me voy... Quiero morir al lado suyo... Y vamos a morir como verdaderos hombres... Si los generales han tenido una muerte tan monstruosa, si han sido decapitados, yo no le temo a la decapitación... Me quedo, y no me exija más porque parece que me tiene lástima.

ALCALDE ROSALES. *(Sereno).* Tocayo, le ruego que vaya a las montañas de Mucupina a cuidar a la viuda del general Zavala y sus pequeños hijos... A cuidar sus hermanas... A cuidar a mi mujer y mis descendientes, que le recomiendo... Tocayo, hágame este favor en amor de Dios...

BACHILLER SEVILLA. *(Sereno).* Tocayo, todas esas familias que me recomienda ya están en las montañas de Mucupina, y no les pasará nada... Yo no tengo mujer ni hijos que cuidar... Quiero vivir o morir con usted.

El Alcalde Rosales va a la esquina del salón, levanta la vara de Alcalde, la toma de la mitad, la levanta a la altura de su rostro y ordena con solemnidad.

ALCALDE ROSALES. ¡En nombre de la ley y en uso de mi autoridad, le ordeno que salga inmediatamente del Municipio de Manto...!
BACHILLER SEVILLA. Está bien, me voy... Deme un abrazo...

Se abrazan el Alcalde Rosales y el Bachiller Sevilla.

ALCALDE ROSALES. ¡No pierda tiempo...!
BACHILLER SEVILLA. Adiós, Tocayo...
ALCALDE ROSALES. ¡Adiós...!

Sale el Bachiller Sevilla. El Alcalde Rosales lo ve salir. Momentos después, se oyen voces altas y carcajadas de personas que se acercan al cabildo. Adelantado, entra un hombre de gran talla, en traje de campaña, con el sombrero puesto y con espuelas de plata. Es el Presidente Medina. Es Medinón, como corrientemente le dicen por su porte gigantesco.

Después entra un hombre de menor estatura, en traje de campaña, con el sombrero puesto y con espuelas de agudo acero. Es Medinita, como suelen decirle para diferenciarlo de su jefe.

Finalmente, entran los ayudantes de ambos militares, tapados y con espuelas, acompañados de mujerucas que suelen recoger en los caminos reales.

El Alcalde Rosales está de pie, detrás de su larga y ancha mesa, con serenidad sobrehumana.

MEDINÓN. *(Con su vozarrón).* ¡Aquí hay un hombre...!
ALCALDE ROSALES. ¡Lo es! ¿Y los visitantes quiénes son...?
MEDINÓN. ¡José María Medina, Presidente de Honduras...! ¿Con quién hablo...?
ALCALDE ROSALES. ¡Con el Alcalde Municipal José María Rosales, jefe de este pueblo y de este recinto...! ¡Les ordeno a todos quitarse los sombreros y dejar las armas y las espuelas en el corredor del cabildo...!

Todos se descubren con rapidez.

MEDINÓN. *(Sorprendido).* Es verdad, habíamos olvidado el reglamento... No hay remedio, tenemos que dejar las armas y las espuelas...

Salen todos en grupo y vuelven con los sombreros en la mano, sin armas y sin espuelas.

ALCALDE ROSALES. *(Con voz firme).* ¡Señor Presidente de la República, general José María Medina, pase usté a ocupar el sillón de honor...!

Observando a los acompañantes.

ALCALDE ROSALES. ¡Los demás tengan la bondá de sentarse...!

Se sienta Medinón en el sillón de honor. Los demás componentes de la comitiva ocupan los asientos del fondo.

MEDINÓN. Muchas gracias, señor Alcalde...
ALCALDE ROSALES. Señor Presidente, sea bienvenido al, pueblo de Manto...! ¡Y ahora diga en qué puedo servirlo...
MEDINÓN. *(Sarcástico).* En decirme cómo le ha ido en la revolución que ha estado alimentando...
ALCALDE ROSALES. *(Rápido).* Por de pronto, la revolución ha sufrido una derrota... ¡Pero espero que ha de recuperarse para alcanzar la libertad que busca...!
MEDINÓN. ¿Quiere decir que yo, jefe del Gobierno de la República, soy un tirano?
ALCALDE ROSALES. ¡Sí!
MEDINÓN. *(A su comitiva).* Lástima, es valiente. Es un hombrón...
ALCALDE ROSALES. ¡Otro en iguales condiciones no sostendría mi actitud!
MEDINÓN. Ciertamente, es un hombrón... Y un idiota con sus provocaciones...

ALCALDE ROSALES. ¡Hombrón sí! ¡Idiota no! Lo estaba esperando para que dé la muerte...! ¡Muertos los generales Antúnez y Zavala, yo también quiero morir...!

Se enardece Medinón al oír los nombres de Antúnez y Zavala. Furioso se levanta y sacude al Alcalde Rosales.

MEDINÓN. ¡Y todavía menciona a esos bandidos! ¡Perro...! ¡Perro...! ¡Perro...!

Da un tremendo empujón al Alcalde Rosales, quien choca de espaldas en la pared.

MEDINÓN. ¡Ayudantes, vayan a matar a ese perro...! ¡Corriendo, que tiene rabia...!

Cuando los ayudantes arrastran al Alcalde Rosales, entra Engracia Araque, se arrodilla y levanta las manos juntas para pedirle piedad a Medinón.

ENGRACIA ARAQUE. *(Gritando).* ¡Piedad para él! ¡Misericordia para él, señor Presidente! ¡Es un hombre honrado! ¡Es un hombre bueno!

MEDINÓN. *(A Medinita).* ¡Esta es la perra...! ¡Mira a la perra...! ¡Saquen a esa perra que me puede morder...!

Los ayudantes que han quedado arrastran a Engracia Araque y la sacan del recinto municipal. Mientras esto sucede, sin poderse precisar el lugar, se oyen unos gritos canturreados. Son los gritos del Pregón Municipal, que se ha vuelto un ser fantástico en el pueblo de Manto, en medio del terror.

EL PREGON. ¡Año de 1865...! ¡Mes angustioso de agosto...! ¡Los generales Antúnez y Zavala fueron derrotados en Portillo Galán y en Gualaco...! ¡Después fueron capturados, fusilados y decapitados...

Pausa.

EL PREGÓN. ¡Año del 65...! ¡Las tropas del gobierno llevaron las cabezas clavadas en picas a Juticalpa...! ¡Las cabezas fueron fritas en aceite, encerradas en jaulas de hierro y expuestas en el cerro del vigía con la leyenda que dice: "¡Para ejemplo de traidores...!".

Pausa.

EL PREGÓN. ¡Año 65! ¡De orden de Medinón fue pasado por las armas don José María Rosales, alcalde municipal de Manto y jefe del gobierno revolucionario de Olancho...!

Medinón ocupa el sillón de honor en la sala mayor de la Alcaldía Municipal de Manto. Los demás miembros de la comitiva están abajo.

MEDINÓN. *(Arrogante).* ¡Lo que dije en Comayagua lo repito aquí: la guerra de Olancho conocerá en José María Medina a un nuevo Boquerón, arrojando exterminio en las llanuras olanchanas...!

Se detiene un instante.

MEDINÓN. ¡Repito lo que dije en el Manifiesto de Comayagua: "Las leyes de la guerra son terribles, pero necesarias para salvar a la Nación y devolver a las gentes de orden el alivio de la paz...! ¡Yo abrigo la feliz confianza en que luego desaparecerán las facciones...! ¡Lo creo así porque quiero, puedo y sé cómo destruirlas...!".

Pega un puñetazo en la mesa.

MEDINÓN. ¡Ay, Juan Antonio, hace muchos años que me tratas...! ¡Pero hasta ahora vas a conocer al general José María Medina...!

Viendo a todos lados.

MEDINÓN. ¿Qué se hizo Tata Dios...?

TATA DIOS. *(Hombre de confianza y proveedor de aguardiente de Medina, para lo cual siempre lleva unas alforjas en el hombro).* ¡Aquí estoy...! *(Avanza hasta llegar donde está su jefe, se descuelga las alforjas, las abre y le da una botella).* ¡No hay guacal, vas a beber a pico de botella...!

MEDINÓN. *(Contento).* Mejor... Es más sabroso... *(Se empina la botella y la retira).* Qué aguardiente tan bueno... Nunca había probado el aguardiente olanchano... *(Le entrega la botella a Tata Dios).*

TATA DIOS. Es de pura caña de las vegas del Telica...

MEDINÓN. Hace poco pasó por la calle un Pregón diciendo que había capturado, fusilado y decapitado a los bandidos Antúnez y Zavala; que había mandado freír las cabezas de éstos para exponerlas en un cerro, y que también había fusilado al Alcalde de aquí... Quiero la captura inmediata de ese Pregón para pasarlo por las armas...

TATA DIOS. Si lo pensás bien, ese Pregón más bien te beneficia porque da los partes de guerra y los resultados. Justamente, va gritando lo que estás haciendo. Las palabras demás que se le vayan carecen de importancia...

MEDINÓN. Tenés razón... Sós un sabio. Que viva y que grite lo que hago en esta tierra maldita....

Llama a la mujer que trajo de Sulaco.

MEDINÓN. ¡Sulaquita, vení a sentarte a mi lado!

Va la mujer. Se sienta junto a él. Y él le hecha el brazo.

MEDINÓN. Juan Antonio, pásate a este lado para que veas mejor a los facciosos de Olancho que te derrotaron...

Ordena al Jefe de los Ayudantes.

MEDINÓN. ¡Jefe de los Ayudantes, haga pasar de puerta a puerta a los facciosos capturados...!

El jefe de los Ayudantes sale y vuelve a entrar con los revolucionarios que se muestran feroces, desfilan por la ancha sala y salen, seguidos de una escolta.

MEDINITA. Ni siquiera nos volvieron a ver...

MEDINÓN. *(Con rabia).* ¡Ayudante de Ordenes, fusílelos inmediatamente!

A Tata Dios.

MEDINÓN. Acercame la alforja, Tata Dios...

Tata Dios le da la botella que se empina y la devuelve.

MEDINÓN. Juan Antonio, los correos van y vienen o se han interrumpido...
MEDINITA. Van y vienen con normalidad. Estamos bien informados. Pedro Fernández está limpiando de facciosos el Valle Abajo. Mariano Álvarez, el Valle de Agalta, Juan López, el Valle de Lepaguare. Y nosotros limpiamos el Valle Arriba...
MEDINÓN. *(Suelta una carcajada y pega un puñetazo en la mesa, signo de que ya está borracho).* ¡Las leyes de la guerra son terribles...!

A la distancia se oye una descarga cerrada. Han sido fusilados los revolucionarios.
Sin saberse de dónde proceden, se dejan oír los gritos canturreados del Pregón Municipal.

EL PREGÓN. ¡Año de 1865...! ¡Han empezado los fusilamientos en masa! No hay perdón para nadie ni los revolucionarios lo piden...

Pausa.

EL PREGÓN. ¡Año del 65...! ¡Los fusilamientos en masa que parten de Manto se propagan al Valle Abajo, al Valle de Lepaguare y al Valle de Agalta!

Han quedao en la sala consistorial Medinón, Tata Dios, Sulaquita y un tercero, Machucachiles, olanchano traidor, perseguido de la justicia revolucionaria, quien está con una guitarra en la mano, listo para endulzar las horas del tirano.

MEDINÓN. *(A Machucachiles).* ¡Para qué te sirve esa guitarra!
TATA DIOS. *(A Machucachiles).* Cántale la Canción del Jinete...
SULAQUITA. *(Pegándose a Medinón).* Sí... Viera qué linda...
MACHUCACHILES. (No se hace rogar, trina la guitarra y canta):

El hombre para ser hombre
a tres cosas debe oler
a aguardiente, a tabaco
y al aroma de mujer.

En esto del aguardiente
no tengás nada que temer,
que es un ángel de los cielos
que nos viene a socorrer.

En esto de la "mascada"
no tengás nada que temer,
que es el pan de los jinetes
que no tienen que comer.

Y en esto de la hembra hermosa
no tengás nada que temer,
que la mujer es del hombre
y el hombre de la mujer.

Si blasfemo con mis dichos
que me perdone el buen Dios,
que ahora arriendo mi caballo
y me voy en confesión.

Si el cura que me confíese
me resulta regañón,
en el atrio de la iglesia
he de hacerle tirazón.

Después huyo a tierra extraña
al trote de mi orejón,
a buscar una muchacha
que me endulce el corazón.

Júbilo en el grupo. Medinón apretuja a Sulaquita. Sulaquita relincha de contenta. Tata Dios le da la mano a Machucachiles. Machucachiles sonríe.

MEDINÓN. *(Contento)*. Machuca, vos sos de mi alto, ¿verdad?
MACHUCACHILES. *(Satisfecho)*. Algo así, señor Presidente...
MEDINÓN. Te voy a dar un traje de general... *(A Tata Dios)*. Le das aquel de listones colorados...
TATA DIOS. Ya está un poco viejo...
MEDINÓN. Tampoco le puedo dar el que me mandó la Reina Victoria...
MACHUCACHILES. *(Inclinándose)*. Muchas gracias, señor Presidente.
MEDINÓN. Te lo doy porque sos el único olanchano decente. Te lo ponés en mi nombre los quinces de septiembre...

Se presenta y se cuadra el Jefe de los Ayudantes.

JEFE DE LOS AYUDANTES. Señor Presidente, llegan nuevos capturados al cabildo.
MEDINÓN. Quiero verlos... Hágalos pasar de puerta a puerta...

El Jefe de los Ayudantes sale y vuelve a entrar con los revolucionarios que se muestran impasibles; desfilan por la ancha sala y salen seguidos por un escolta.

TATA DIOS. Ni siquiera vuelven a ver...
MEDINÓN. *(Al Ayudante de Ordenes)*. ¡Fusílelos!
AYUDANTE DE ÓRDENES. General, hay poca pólvora.
MEDINÓN. Es verdad. No hay que gastar pólvora en zopilotes. ¡Ahórquenlos!

Sale el Ayudante de Ordenes.

MEDINÓN. ¡Tata Dios, andá a decirle a Juan Antonio que se está acabando la pólvora, y que propague la orden de que sean ahorcados todos los bandidos de esta región!

Sale Tata Dios. A Machucachiles.

MEDINÓN. ¡Acompañá a Tata Dios para que te entregue el vestido, y ayudás en la Ahorcancina!

Sale Machucachiles. A Sulaquita.

MEDINÓN. ¡Y vos te vas, porquería! ¡No quiero verte! ¡Me das asco!

Sale corriendo la muchacha, y Medinón queda solo borracho, delirante.

MEDINÓN. ¡Soy el Boquerón...! ¡Estoy destruyendo a Olancho!

Descansa los codos en la mesa y apoya la frente.

EL PREGÓN. *(Con sus gritos canturreados).* ¡Año de 1865...! ¡Empezados los ahorcamientos en masa...! ¡De las ramas de los tamarindos cuelgan los soldados de Antúnez y Zavala...!

Pausa.

EL PREGÓN. ¡Año del 65! ¡Medinón ha ordenado la Ahorcancina en masa en todo Olancho! ¡No se salvará nadie de los huracanes del terror!

Medinón ha dormido. Levanta la cabeza. Ve a todos lados. Se pone en pie. Se despereza. En la mesa, arrastra las alforjas, saca una botella, toma un trago y vuelve a guardar la botella en su depósito.
Entra el Jefe de los Ayudantes, seguido de un grupo de subalternos.

JEFE DE LOS AYUDANTES. *(Con saludo militar).* Señor, espero sus órdenes...

MEDINÓN. *(Como si hablara con su otro yo).* ¡Hay que fusilar...! ¡Hay que ahorcar...! ¡Hay que desterrar...!

Piensa.

MEDINÓN. ¡Hay que desterrar para acabar con la raza facciosa de los olanchanos...!

Se detiene.

MEDINÓN. ¡Vaya a decirle a Juan Antonio Medina que organice expediciones para que ahuyenten a las familias facciosas del territorio olanchano...!

Se lleva el índice a los labios.

MEDINÓN. Un momento... ¡Que las expediciones militares rieguen la noticia en los hatos, caseríos, aldeas y pueblos que también vamos a fusilar a ahorcar mujeres, niños, ancianos, enfermos y lisiados para que huyan de la región olanchana...!

Vuelve a detener al Ayudante con una señal.

MEDINÓN. ¡Un momento... Mientras tanto, cuando haya hecho el mandado de Juan Antonio Medina, vuelve con las familias concentradas en el pueblo, me las hace pasar por esta sala y me las manda botar a la frontera de Nicaragua!

Se detiene.

MEDINÓN. Ahora sí... ¡Puede salir a cumplir mis órdenes...!

Sale el Jefe de los asistentes a toda prisa. Medinón llama a gritos a Tata Dios.

MEDINÓN. ¡Tata Dios...! ¡Tata Dios...! ¡Ta-ta -Dio-ooos...!

TATA DIOS. *(Llega corriendo).* ¿Qué querés...?
MEDINÓN. ¡No me dejés solo que me da miedo...!
TATA DIOS. Miedo, ¿de qué...?
MEDINÓN. No sé... Pero me da miedo... Estate conmigo...

Saca la botella y toma un trago largo. Vuelve a depositar la botella.

TATA DIOS. Es la goma que te está fregando. No tardás en ver al Diablo como lo viste en Gracias...
MEDINÓN. *(...Sentándose).* Sentate a mi lado. Conversame... Decime algo, ¿qué se hizo Sulaquita?
TATA DIOS. Está en el cuartel, llorando porque ya no la querés...
MEDINÓN. Es verdad... No es mi tipo...

Se extrae una cartera y la tira sobre la mesa para que la vea Tata Dios.

MEDINÓN. En esa cartera vas a ver las mujeres de mis correrías.
TATA DIOS. *(Toma la cartera y pasa las hojas con atención).* Papo, es una chorera de hembras... *(Alza la cabeza para preguntarle en jerigonza).* ¿So-fo lo-fo vir-fi gos-fo...?

MEDINÓN. *(Cabeceando).* So-fo lo-fo...
TATA DIOS. Si yo fuera Medina... *(Le devuelve la cartera).*
MEDINÓN. No creás que es una dicha. Como dice la canción de Machuca que "la mujer es del hombre y el hombre de la mujer", lo que indica que solo hay una, para mí la mujer es Tránsito Licona...
TATA DIOS. Estás enamorado... Es que francamente...
MEDINÓN. Callate, no te permito. Buscame una mantuana...
  En todo te satisfago. Pero en esto no...
MEDINÓN. ¿Por qué?
TATA DIOS. Porque si has leído la Biblia, bien sabés que en toda mujer de un pueblo atropellado hay una Judit... Una mantuana podría cortarte la cabeza.
MEDINÓN. Tenés razón. Ya veo que sos mi amigo.
TATA DIOS. Soy tu hermano.

* * *

Entra el Jefe de los Ayudantes a la cabeza de las familias que van a ser deportadas. Desfilan por la ancha sala y luego salen. Son mujeres con niños en la cintura, llevando pequeños tomados de la mano. Son ancianos encorvados por el peso de los años. Son enfermos con las cabezas amarradas. Son inválidos que pasan renqueando. Son seres desdichados, todos, todos.

MEDINÓN. *(Grita para darse valor).* Las leyes de la guerra son terribles, Tata Dios. Tengo que limpiar de bestias feroces esta tierra maldita. Si me ablando y no hago esto seguirán apareciendo las facciones olanchanas hasta la consumación de los siglos.

Mira atentamente a Tata Dios.

MEDINÓN. ¿Qué te pasa, que te veo pensativo..? Es que tenés remordimentos...?
TATA DIOS. *(Sacudiendo la cabeza).* No, nada... No tengo remordimientos....
MEDINÓN. ¡Vos y yo no tenemos ninguna cuenta con el cielo...! ¡Nuestro destino es el infierno...!

Pega un puñetazo sobre la mesa.

EL PREGÓN. ¡Año de 1865...! ¡Año de la Ahorcancina de Olancho...! ¡En manto han empezado las deportaciones...! ¡Mujeres, niños, ancianos, enfermos y lisiados son deportados para nicaragua...!

Pausa.

EL PREGÓN. ¡Año del 65...! ¡Año de la Ahorcancina...! ¡Medinón ha decretado las deportaciones en todo Olancho...! ¡Las familias huyen espantadas de sus lugares en dirección de Yoro, Tegucigalpa y las asperidades de La Mosquitia...!

* * *

Entra el general Juan Antonio Medina con sus ayudantes.

MEDINÓN. ¿Novedades?

MEDINITA. Solo una...

MEDINÓN. ¿Cuál?

MEDINITA. Nos ataca un aliado poderoso de los facciosos...

MEDINÓN. *(Pensando).* Quién podría ser...

MEDINITA. Ha empezado a destruirnos el Ejército...

MEDINÓN. Pero qué aliado puede ser... Dilo de una vez.

MEDINITA. La peste... Tenemos cinco casos en el cuartel.

MEDINÓN. *(Sorprendido).* ¡Demonios...! ¡Contra ese enemigo no podemos! ¿Y qué opinas?

MEDINITA. ¡Huir de esta tierra! Antes de que la peste extermine al Ejército y nos alcance a nosotros...

MEDINÓN. *(Tocándose la mejilla con el dorso de la mano).* No digas eso. Ya me siento con calentura...

MEDINITA. Yo con mayor razón que permanezco en el cuartel. Ya siento bubas en los sobacos...

MEDINÓN. *(Asustado).* ¿Y vos, Tata Dios, no sentís algo?

TATA DIOS. Tal vez sea impresión ahora que oigo, pero recuerdo que desde ayer ando con dolor en las ingles...

MEDINITA. La cosa es seria. Los centenares de muertos insepultos han infestado la atmósfera. Es que tú no sales de este recinto ni ves hacia afuera. Asómate a esa ventana, y verás las zopiloteras...

Medinón se acerca a la ventana. Ve un momento y regresa abrumado.

MEDINÓN. Dices verdad...

MEDINITA. Los correos hablan de que el tufo sofoca en los caminos, que los coyotes están hartos de carne humana... Que las zopiloteras se multiplican en los valles de la región.

TATA DIOS. Naturalmente, las aguas están envenenadas....

MEDINITA. El agua, el aire, todo... *(A Medinón).* Si salieras a las orillas de la población, sentirías las tufaradas que vienen de los muertos insepultos... A la fusilación, la Ahorcancina y la deportación, se ha sumado la peste... Pero se suma la peste para exterminarnos a nosotros...

Medinón arrastra las alforjas en la mesa, saca una botella, se la empina un buen rato y la vuelve a depositar.

MEDINÓN. Nos vamos; le tengo miedo a la peste... Todavía no es hora de que muramos...

Piensa.

MEDINÓN. Pero antes de regresar a Comayagua, quiero escarmentar a este nido de facciosos...

MEDINITA. ¿Con qué podrías escarmentarlo más...?
MEDINON. *(Apretando los puños).* ¡Con el fuego...! ¡Te ordeno que el Ejército le pegue fuego a Manto...! ¡Que le pegue fuego por las cuatro esquinas...!

Piensa.

MEDINÓN. ¡Solo deben quedar en pie la Iglesia, la Casa Cural, la casa de Juan Villardebó y este cabildo por ser casa del Estado!
MEDINITA. *(Se cuadra y saluda).* ¡Cumpliré tus órdenes!
MEDINÓN. *(En voz alta).* ¡Pero que sea luego, porque salimos al anochecer...!
MEDINITA. *(A la distancia).* ¡Está bien...!

Medinón vuelve a arrastrar las alforjas en la mesa, saca la botella, bebe largamente y la vuelve a depositar.

MEDINÓN. Ahora si estoy completo; Tata Dios, te vas a estar conmigo para que veamos juntos el incendio...
TATA DIOS. Nerón incendió Roma...
MEDINÓN. En pequeño, yo soy Nerón... Manto es mi Roma...

Alboroto en la plaza y en las calles. Carreras y alaridos. Súplicas y llanto a gritos. El Ejército cumple la orden de Medinón de pegarle fuego a Manto por los cuatro extremos. Medinón y Tata Dios se asoman a la ventana y apoyan los codos en ella para ver el humo primero y después las lenguas de fuego. Al poco rato se unen los distintos fuegos para formar un solo incendio bárbaro y a la vez sublime.

TATA DIOS. ¡Se acabó Manto...!

MEDINÓN. ¡Se acabó el nido principal de las facciones desde que Olancho existe...!

TATA DIOS. ¿Qué más podrías inventar para castigar la rebeldía olanchana?

MEDINÓN. ¡He terminado mi obra...! ¡Solo falta que el incendio abrace a las demás poblaciones rebeldes de la región...! ¡Ordenaré que también a ellas les peguen fuego...!

TATA DIOS. ¡Ya cayó la noche y la iluminación es admirable!

Medinón regresa a la mesa consistorial. Se para detrás de ella y perora a gritos como si estuviera frente a una muchedumbre invisible.

MEDINÓN. ¡Olanchanos...! ¡El Boquerón ha destruido a San Jorge de Olancho...! Las leyes de la guerra son terribles y ahora ya conocéis el terror que entrañan ellas! ¡La población de Manto ha desaparecido por ser la capital de los facciosos y los facciosos vuelan en el buche de los zopilotes...!

Suelta una carcajada demoniaca y pega un puñetazo en en la gran mesa de caoba.

EL PREGÓN. *(Con su grito canturreado).* ¡Año de 1865...! ¡Año de la Ahorcancina de Olancho! ¡Medinón ha incendiado el pueblo de Manto!

Pausa.

EL PREGÓN. ¡Año del 65.! ¡Año de la Ahorcancina. Medinón ha ordenado que sean incendiadas las demás poblaciones rebeldes de la región!

Pausa.

EL PREGÓN. ¡Año 65...! ¡Año de la Ahorcancina.... ¡Muerte, sangre, destierros, lágrimas y fuego es lo que hay ahora en la tierra olanchana!

Pausa.

EL PREGÓN. ¡Año del 65! ¡Ano de la Ahorcancina de Olancho.! ¡Santo dios y santo fuerte! ¡Santo inmortal, libranos de la peste y de todo mal...!

TELÓN

NOTAS

EXTERMINIO: Está probado que en grotesco estado de borrachera fue que Medinón dictó sus más terribles órdenes de exterminio, como decapitaciones, fusilamientos, ahorcamientos en masas, vecinos a otras regiones del país. Y también está probado incendios de Manto y otros pueblos y deportaciones de los que el miedo que le tuvo a la peste que empezó a diezmarle el Ejército le hizo regresar a Comayagua.

HISTORIADORES: En el país ha habido dos maneras de escribir la historia: deformándola o silenciándola. Acerca de la guerra social de Olancho hay guardado tan discreto silencio, que casi nadie sabe nada de ella por hacerle el juego a Medina y a todos los actores de aquel bárbaro genocidio. Este drama histórico quita las vendas, deja ver la llaga viva y recomienda a los historiadores nuevos que en lo sucesivo se aparten cuanto más puedan de la historia que deforma o silencia los hechos.

JOSE MARÍA ROSALES: La orden de este heroico Alcalde para el Presidente Medina de que se descubriera y se quitara las espuelas para entrar a la sala del Cabildo es rigurosamente histórica.

MACHUCACHILES: Este ahorcador famoso tuvo larga vida. Vagabundo, borracho y medio loco se le vio en las ferias de los pueblos con el vistoso traje militar que le regalara Medinón, ya desteñido y sucio. Al fin, un pobre diablo, más inspiraba lástima que deseo de venganza.

SEXTO ACTO: EL CONTRA-TERROR

La cueva de Piedra Blanca es famosa por su amplitud como si fuera una casa espaciosa. Situada en la montaña del Sursular, en medio de altos picos montañosos, solo es conocida por su frontón blanco que se ve desde lejos y solo ha sido hollada una que otra vez por los más atrevidos cazadores de tigres. Es propiedad de los indios guanacos, quienes han llevado a los "huidores" -como les dicen ahora a los que han escapado de la Ahorcancina- hasta allí. Y son los indios guanacos los proveedores de los infelices que han logrado salvar la vida del terror que se cierne en tas valles.

Engracia Araque -mujer del pueblo, querida de todos en Manto- es el ama de casa en Piedra Blanca. Con sus hijas Fidelia, Simona y Pastora, bien criadas las tres, hace la comida y cuiaa a los "huidores"

.

ENGRACIA. Deben aprender, hijitas... La vida es una enseñanza interminable... Enseña el bien, que deben seguir las almas, y enseña el mal, que deben aborrecer con todas sus fuerzas... Así lo decía el Santo Misionero en sus predicaciones para salvar a las personas de los vicios y de las tentaciones...

Pausa.

ENGRACIA. La mayor, Fidelia, me va ayudar con las ollas... La de en medio, Simona, va a mantener limpia la cueva, va doblar las cobijas y a enrollar los cueros en que nos acostamos... Y la menor, Pastora, alisa tusas de maíz, pica el tabaco, hace cigarros, les lleva fuego a los "juidores" para que "jumen", les lleva dulce y agua y los atiende en todo...

Pausa.

ENGRACIA. Ay, qué buenos son los inditos guanacos... Me trajeron sal, achote, culantro de monte, guacalitos, un haz de ocote fino rajadito para que encienda el fogón, cuántas cosas me nudas que necesitamos las mujeres en las cocinas... Y luego dicen que esas almas de Dios son seres salvajes cuando son mejores que muchos cristianos...

Pausa.

ENGRACIA. ¿Qué se hizo Se María? Se María debe estar aquí para que nos defienda... Son nubes de tigres los que hay en Piedra Blanca, y si estamos solas nos pueden comer... Cómo podríamos defendernos de las garras de esos animales... Aquí se ve que el hombre es necesario... ¿Qué se hizo Se María...? ¿Lo vieron salir...?

PASTORA. Dijo que ya venía... Se jue con don José Antonio a sacar una colmena...

ENGRACIA. Cuando vengan les voy a decir que siempre deben estar aquí, porque nos pueden comer los tigres... O si salen, que arreglen la forma de guardarnos con unas cuantos indios guanacos.

Pausa.

ENGRACIA. Ay, no me pasa la impresión... Creo que no me pasará mientras viva. En la noche, duermo menos y sueño más... Tengo unas pesadillas horribles. Siempre veo cuando llevaban a Se María a fusilarlo. Cuando me pegué de la escolta, corriendo como loca... Y siempre me despierto en el momento que el jefe de la escolta lo ponía libre... Entonces respiro contenta y bendigo a Dios...

SIMONA. Yo la vi, "mama", cuando iba detrás de la escolta, y entonces les dije a las chigüinas: "Chigüinas, vamos que allá va mi máma corriendo y quién sabe qué pasa". Entonces, salimos echamos a correr, pero no la alcanzamos, y no oímos lo que le dijo la escolta a mi papa Se María...

ENGRACIA. El jefe de la escolta le dijo que lo admiraba porque había visto que era todo un hombre. Que era la primera vez que conocía un hombre del temple de Se María y que lo ponía en libertá con la condición de que se juera lejos donde nadie supiera que vivía...

FIDELIA. *(Secándose las manos en el delantal).* Y con qué oportunidad encontramos a don José Antonio en Jimas, y con qué coincidencia encontramos a los indios guanacos en El Carbonal para venir a Piedra Blanca...

ENGRACIA. Milagros de Dios, hija. Todo está eslabonando para que se salvara Se María...

FIDELIA. Casi todos los Regidores murieron...

ENGRACIA. *(Con la mano derecha tocándose los dedos de la izquierda).* Fusilaron a Agripino Díaz; ahorcaron a Margarito Castro; fusilaron a Toribio Tróchez y ahorcaron a Wenceslao Suazo... Cuatro Regidores murieron... Jesús, que barbaridá... Que el Demonio consuma a los bandidos...

FIDELIA. "Máma", y del bachiller Sevilla, ¿qué sabe...?

ENGRACIA. Se María lo obligó a "juir" para las montañas de Mucupina...

SIMONA. A otro que deben haber matado es a Brígido Ruiz....

ENGRACIA. Deben haber matado al pobrecito... Tan honrado, tan servicial...

PASTORA. Mi papa Se Mario lo había hecho Comandante Local...

ENGRACIA. Y se portaba bien en el puesto... Hacía milagros, como decía él... *(Se le humedecen los ojos y se los enjuga con el delantal).* Si algún día volvemos a Manto ya no vamos a hallar a muchas gentes...

FIDELIA. Nada se sabe de los generales Antúnez y Zavala...

ENGRACIA. De seguro siguen peleando...

PASTORA. Tampoco se sabe nada de Serapio Romero, que le dicen Cinchonero, y que es famoso como esgrimista...

ENGRACIA. Dios los proteja a todos. Del Ejército no sabemos ni pizca... Tampoco sabemos cuánto va a durar esta temeridad y qué suerte vamos a correr en estas asperidades...

PASTORA. *(Brincando).* ¡Ya vienen los hombres! Traen un calabazo. ¡Lo traen lleno de miel! ¡Qué dicha...!

Júbilo en las muchachas y satisfacción en todos.

ENGRACIA. Como dice el dicho: A mal tiempo, buena cara... Les voy a hacer unos buñuelos para que coman con pinol...

ALCALDE ROSALES. *(Más envejecido y barbado).* Como he tenido dos vidas, voy a ver si en esta me gustan los buñuelos de colmena...

ENGRACIA. Te van a gustar, tonto... Porque ahora estás jovencito, y el paladar lo tenés más vivo...

Se van las mujeres con el calabazo de miel. Sentados en unas piedras, quedan conversando los dos hombres.

JOSÉ ANTONIO MEJÍA. Don José María, qué cariño le tiene a usted esa mujer... Parece que fuera algo suyo, la veo como enamorada...

ALCALDE ROSALES. Le voy a contar, don José Antonio. Con Engracia nos quisimos en la juventud... Pero como la vida es así, nos separó y ella se fue por un camino y yo por otro. Ella se fue con un hombre que no supo apreciarla y yo me casé con una mujer que prácticamente me dejó desde los primeros años, descubrió que no me quería y se fue a vivir con sus padres. Con los años me volví a encontrar con Engracia, y tal vez nos volvimos a querer... Pero en estas y en aquellas, llegamos al cariño que se tienen los viejos, al cariño de hermanos, lleno de respeto...

Pausa.

ALCALDE ROSALES. Soy como el padre de sus hijas... Ellas se han acostumbrado a decirme papa. Viera cómo las quiero... Y viera cómo me quieren... Estoy seguro que a ellas les gustaría que me casara con Engracia, pero no se puede mientras viva mi esposa... Y ya ve los sacrificios que hace ella en mi favor, que rayan en lo imposible. Es difícil que otra mujer haga lo mismo por un hombre.
JOSÉ ANTONIO MEJÍA. Están, don José María, tal para cual... En medio de su humildad, ella es una gran mujer, y usted se muestra igualmente grande en la vida privada y en la vida pública. En la vida privada con ese amor respetuoso para la Niña Engracia, como le digo yo, y en la vida pública con ese valor desmedido ante los tiranos como Medinón...
ALCALDE ROSALES. Muchas gracias, don José Antonio.
JOSÉ ANTONIO MEJÍA. Pasando a otra cosa, ayer debían haber venido las informaciones de los valles... Desespera estar sin noticias de los avances de la peste, las deportaciones, los ahorcamientos y los fusilamientos... Para saberlos al menos, ya que no podemos hacer otra cosa...

ALCALDE ROSALES. Tengo varias noches de no dormir, pensando en los sucesos... Por el momento, debemos saber en qué situación estamos, a qué proporciones ha llegado el desastre, y luego ver si de las cenizas que han quedado, al soplarlas, puede saltar la chispa que haga arder la nueva hoguera.
JOSÉ ANTONIO MEJÍA. Qué hombre. Nunca había visto un hombre como usted.

Se oyen gritos en el fondo de la montaña. Los dos hombres se levantan y se asoman a la orilla del abismo. José Antonio Mejía da el grito convenido. Le contestan en la misma forma.

ALCALDE ROSALES. Gríteles, don José Antonio, usté que sabe gritar.
JOSÉ ANTONIO MEJÍA. ¡Oooy! ¡Jooo!

Del fondo de la montaña contestan.

GRITO. *(Lejano, débil).* ¡Oooy! ¡Jooo!
JOSÉ ANTONIO MEJÍA. Son amigos...
ALCALDE ROSALES. Sí, porque los enemigos no gritan... Llegan.

Se oyen voces en el fondo de personas que se acercan. Alegría en la cueva de Piedra Blanca. Sin que nadie ni imaginara, ha llegado Brígido Ruiz, último Comandante Local de Manto. Casi loca de contenta está Engracia Araque por creer que lo habían asesinado las fieras de Medinón. Le lleva café en una jícara y un cigarro encendido, y después lo invita relatar los sucesos de los valles. Todos se sientan en piedras y en cueros de res extendidos, casi rodeando al recién llegado.

BRÍGIDO RUIZ. Es doloroso lo que voy a contar desde el principio hasta el fin. Pero hay que tener valor, Engracia, en las consecuencias, para ver qué camino debemos tomar...

Pausa.

BRÍGIDO RUIZ. Al dividirse los generales Antúnez y Zavala en Cedros y regresar con sus tropas a Olancho, sin volverse a poner de acuerdo nunca, fueron sorprendidos por los expedicionarios del Gobierno y fueron aniquilados...

Pausa.

BRÍGIDO RUIZ. Primero el general Francisco Zavala en Portillo Galán, donde después de dura pelea en grupo, quedó batiéndose personalmente con su espada, han de recordar que era un notable espadachín, hasta que lo mataron. Una vez caído le hicieron descargas cerradas, le cortaron la cabeza, la clavaron en una pica, la llevaron a Juticalpa, el general Pedro Fernández la mandó a freír en aceite, después mandó que la encerraran en una jaula de hierro y, por último, la mandó a exponer en el Cerro del Vigía, donde está, con el letrero que dice: "Para ejemplo de traidores".

Engracia Araque se tapa la cara con el delantal. Las niñas se muestran mustias, ligeramente pálidas. Los hombres con gravedad, fijan la mirada en el suelo.

BRÍGIDO RUIZ. Lo mismo pasó después con el General Bernabé Antúnez. Se dice que un oficial llamado Concepción Padilla, fingiendo contrariedad por los resultados de la guerra, fue a presentarse para que le perdonaran la vida a cambio de denunciar el lugar en que se hallaba el general Antúnez. En esas condiciones fue sorprendido, fusilado, decapitado y descuartizado, esparciendo los despojos con salvaje deleite. En la misma forma clavaron la cabeza en una pica, la llevaron a Juticalpa, la frieron en aceite, la encerraron en una jaula de hierro y la expusieron en el Cerro del Vigía, donde está, al lado de la cabeza del general Zavala, con el letrero que dice: "Para ejemplo de traidores"...
ENGRACIA ARAQUE. *(Bañada en lágrimas).* No puedo oírte más. Me podés matar...
ALCALDE ROSALES. *(Severo).* Valor, Engracia. La adversidad exige fortaleza de alma. Si el relato te enferma, yo te voy a cuidar. Pero debés estar al tanto de toda nuestra mala suerte. Seguí, Brígido...

BRÍGIDO RUIZ. Te dije al principio, Engracia, que debías juntar valor, porque consideraba que te iba a hacer daño mi relato... En el caso, José María tiene razón, todos ustedes deben estar al tanto de lo que ha pasado, para que no se llamen a engaño. Se sufre más conociendo a medias las cosas, que sabiendo toda la verdad. Después de que se sabe la verdad es que llega el consuelo, y entonces uno ya puede pensar y decidir...

Pausa.

BRÍGIDO RUIZ. Aquel Serapio Romero, que le dicen Cinchonero, es un hombrón, es un gigante. Sigue peleando en los límites de Gualaco y Agalta. Les ha declarado la guerra a los horcadores. Llega a los lugares, averigua quiénes son los horcadores y los delatores, los captura y los guinda. Y se mueve con la velocidad del relámpago con hombres temerarios que forman una caballería escogida, cayendo de sorpresa sobre los poblados. Ya se habla más de los contra-horcadores que de los mismos ahorcadores. Producen verdadero espanto en los valles.

Y el ejemplo del Cinchonero lo han seguido otros jefes de grupos, como Cirilo Mendoza y el corneta aquel, ¿te acordás José María? El que se llama Julián Escobar... Si la cosa se engruesa, va a tener que volver Medinón, y quién sabe cómo le vaya ahora...

JOSÉ ANTONIO MEJÍA. Qué hombres. Olancho es la tierra de los hombres.

ALCALDE ROSALES. *(Levantándose, yendo a encender un cigarro y regresando).* Ese es el camino, ese es el camino... Sí, señores, ese es el camino... *(Se sienta).*

BRÍGIDO RUIZ. Medinón decía que las leyes de la guerra son terribles... Así lo escribía en sus proclamas y lo gritaba en el cabildo de Manto... El terror, le decía a Medinita, no hay remedio como el terror para los pueblos rebeldes de Olancho... Pues ahora Cinchonero se ha inventado el "contraterror" y está "contra-aterrorizando" a los horcadores. Pedro Fernández, Comandante de Armas, está lleno de pánico, y ha puesto a precio la cabeza de los jefes de grupo. Por la cabeza del Cinchonero ofrece dos mil pesos; por la de Cirilo Mendoza, mil, y por la de Julián Escobar, quinientos...

ENGRACIA. *(Con voz quejumbrosa).* ¿Los agarrarán...?

BRÍGIDO CRUZ. Es difícil. La verdad es que la lucha sigue, y solo vengo a avisarles lo que ha pasado y lo que está pasando...Por mi cuerpo de correos, yo he estado en contacto con ellos, y les mandé decir que dejen las sabanas de Agalta, donde están concentrando tropas para agarrarlos, y se vengan a las montañas del Sursular, donde deben permanecer un tiempo, mientras se dispersan las tropas, para volver a la carga. Si ya nos metimos en esta cosa, que sea hasta el día del Juicio Final...

ALCALDE ROSALES. Brígido, realmente has hecho milagros, como me dijiste en Manto, y te veo tan hombre y tan resuelto, que te voy a acompañar...

JOSÉ ANTONIO MEJÍA. Estamos a medio palo, hay que seguir...

BRÍGIDO RUIZ. El terror de los fusilamientos, horcamientos y destierros, ya lo saben. Solo agrego que los datos que están dando las Gacetas de Comayagua son menores que los de la realidad. Son cerca de quinientos los fusilados. Son más de mil doscientos los ahorcados. Son millares los deportados para Nicaragua. Son miles y miles los que han huido para Yoro, Trujillo y La Mosquitia... La región ha quedado con pocos habitantes...

ENGRACIA. Qué tiranía...

BRÍGIDO RUIZ. Pero vos no sabés una cosa, Engracia. No vayás a llorar. Ya no tenés casa...

ENGRACIA. ¿Cómo...?

BRÍGIDO RUIZ. Manto ha quedado en cenizas. Medinón le pegó fuego antes de irse. Solo se salvaron la iglesia, la casa cural y la casa de los Güell...

Sorpresa en todos. Las muchachas comentan en voz baja las pérdidas que sufrieron en su casa. Los viejos no hallan palabras para condenar el crimen. Todo lo hacen forma de torbellino.

ALCALDE ROSALES. ¡Pararon en incendiarios....!

JOSÉ ANTONIO MEJÍA. ¡Bandidos...!

BRÍGIDO RUIZ. ¡Medinón decretó el incendio de toda la zona rebelde, y le han pegado hochones de ocote encendidos a Silca, San Francisco de la Paz, a las aldeas, a los caseríos y a los hatos...!

ENGRACIA. ¡Qué crimen...!

JOSÉ ANTONIO MEJÍA. ¡No hay palabras...!

ALCALDE ROSALES. ¡Es verdá que existen monstruos en el mundo...!

BRÍGIDO RUIZ. Ciertamente, Medinón es un monstruo que ha dado la naturaleza para afrentar a la humanidad. Es la vulgaridad viviente. Es cruel, borracho y lascivo. No hay crimen que no sea capaz de cometer, pues lo ha cometido todos. Las leyes penales no contemplan las barbaridades que ha ordenado ha ordenado. Él mismo gritaba en el cabildo: "Soy el Boquerón destruyendo a San Jorge de Olancho...!". Es borracho hasta la inmundicia. Tiene un viejo de Tegucigalpa a su servicio, que le llaman Tata Dios, que le sirve para proporcionarle el aguardiente que necesita en su borrachera interminable y quien lo encuentra hasta debajo de las piedras. Por esa razón es su hombre de confianza, su consejero, su alcahuete, todo... Y Medinón, para llevar a ser bestia completa es lascivo... En una cartera que enseñó en el cabildo consigna las mujeres que conquista por las buenas o por las malas en sus andanzas militares. A Manto llegó con una de Sulaco, y luego la quería cambiar por una del pueblo... Pero Tata Dios le aconsejó que no lo hiciera porque le podía pasar las de Holofernes decapitado por Judit...

ALCALDE ROSALES. ¡Qué asquerosidad...!

JOSÉ ANTONIO MEJÍA. ¡Qué putrefacción...!

ENGRACIA. Es peor que los vómitos de los amanesqueros...

BRÍGIDO RUIZ. También es cobarde. Le teme a la muerte, con estar condenado a ella, como dice el sabio... Lo corrió la peste... Iba con fríos de calentura... Dicen que se le adelantó a la tropa para llegar pronto a Comayagua y buscar médico y medicina. Le teme al envenenamiento, siempre gritaba que en Manto habían envenenado al Padre Bustillo, hermano del general Guardiola, por más que eso es mentira, y recomendaba a Tata Dios que le asara carne y plátanos... Solo eso comía. Y es ladrón., están juntando enormes partidas de ganado para él, que van a llevar a una hacienda que tiene en Gracias...

ALCALDE ROSALES. Y los hombres del monstruo, ¿cómo son...?

BRÍGIDO RUIZ. Simples instrumentos de él. Los manda, los ultraja y los envilece... Medinita, que es como su sombra, cumple al pie de la letra todas sus órdenes. Lo mismo hacen Juan López,

Mariano Álvarez y los demás. Medinita ha saqueado los templos, y Juan López está llevando cargamentos de quesos y mantequilla para Tegucigalpa.

JOSÉ ANTONIO MEJÍA. ¿Y los oficiales...?

BRÍGIDO RUIZ. Sujetos a la disciplina militar, no hacen más que obedecer. Unos, son los famosos expedicionarios, capaces de todos los salvajismos que se han visto. Pero hay otros, como el que te salvó a vos José María, que obedecen porque los pueden fusilar, pero su conciencia están en desacuerdo con las atrocidades...

ALCALDE ROSALES. Es bueno saber esto para el mañana... ¿Viste descomposición en las filas...?

BRÍGIDO RUIZ. Son frecuentes los amotinamientos. Los soldados ya se han paseado en muchos oficiales estúpidos...

ENGRACIA. Y de la peste, ¿qué me decís Brígido...?

BRÍGIDO RUIZ. La peste está matando de casa a casa. Tenía que ser así. Tantos y tantos muertos en las poblaciones y los campos. No se aguanta el tufo en los caminos. El aire está envenenado. Lo mismo están las aguas de las quebradas. Nunca como se hoy se han visto tantas zopiloteras. Parece que todos los zopilotes del mundo se han venido a Olancho. Ni los coyotes quieren ya tanta carne muerta. En los perros se ha desatado la rabia. Y como el ganado es tan sensible a las asquerosidades, se le ve vagar de un punto a otro, mugiendo y con el pelo erizado... La peste es lo más terrible que ha caído sobre esta tierra porque no tiene miramientos para nadie. Destruye por igual a los amenazados a la horca y a los horcadores...

ENGRACIA. Santo Dios y Santo Fuerte...

BRÍGIDO RUIZ. Así decía yo cuando hacía las veces de Pregón bajo las barbas de Medinón...

ALCALDE ROSALES. Contame eso, Brígido... Te dije antes de la Horcancina que buscaras un buen Pregón para que gritara los sucesos de la guerra...

BRÍGIDO RUIZ. Pues yo me hice pregón en medio de los rigores de la Horcancina para que los mantuanos estuvieran informados de las iniquidades. Dentro del pueblo, las mujeres me informaban de todo lo que decía, hacía y ordenaba Medinón. Estas mandaban a los chigüines que son inofensivos y curiosos. Los chigüines les llevaban los recados, y ellas me los llevaban a mí. El lugar de convergencia era la Iglesia. Yo solía esconderme detrás del Crucificado...

ENGRACIA. *(Interrumpiéndolo).* ¡El Crucificado...!

BRÍGIDO RUIZ. Ni los curas ni los sacristanes se dieron cuenta...

ENGRACIA. ¡Qué admirable...!

BRÍGIDO RUIZ. De los hechos de las afueras me daba cuenta por mis correos, valientes, rápidos, inteligentes y discretos. Entraban y salían y volvían a entrar en los grupos que aprovisionaban al Ejército. Siempre tenían mañas para hacer sus mandados, con el odio natural que tantas iniquidades han partido el alma de los olanchanos...

Con tan buena información y desde ciertos lugares del pueblo gritaba las últimas noticias. Supe que Medinón había ordenado mi muerte, pero que Tata Dios lo había aplacado, diciéndole que el Pregón favorecía la causa del Gobierno al informar sobre lo que estaba haciendo Olancho. Con esas razones se aplacó Medinón, y permitió los gritos del Pregón, y dije eso del Trisagio...

Pausa.

BRÍGIDO RUIZ. Por supuesto, como Medinón podía cambiar de parecer en cuanto a los refranes del Pregón, yo andaba listo con una navaja de barba para darme la muerte.

ALCALDE ROSALES. *(Animado).* Ese es el caso... Se pone uno en el mero punto de aceptar la muerte y que salga el sol por el otro lado.

BRÍGIDO RUIZ. Vos lo hiciste frente Medinón... Y tu ejemplo me sirvió para portarme como me porté.

***

Se oyen gritos en el fondo de la montaña. Se deshace la rueda. Las mujeres van a sus oficios. Y los hombres se asoman al abismo.

Júbilo en la cueva de Piedra Blanca, Julián Escobar ha llegado con su alborozo de siempre. Sin más palabras, se desprende del hombro un costal de manta, y saca de él una guitarra; apoya el pie en una piedra, trina la guitarra y se pone a cantar a todo pulmón algo que se ha inventado y que más tarde correrá de boca en boca por los valles:

EL CANTO DE GUERRA DE OLANCHO DEL AÑO 65.

JULIÁN ESCOBAR. ¡No me pregunten nada...! ¡Mejor oigan...!

Cuando el general Antúnez
gritó al general Zavala,
vamos a botar amigo,
a los crueles Medinones,
los jinetes olanchanos
se juntaron con sus armas
y fue buena aquella guerra
que alegró los corazones...

Este trote a mí me gusta,
qué trote... qué trote...
Y qué tropa de los valles,
qué tropa, qué tropa...
Lado a lado pelearemos,
compadre, en el pleito...
Ah, que trote en esta tropa,
qué trote, qué tropa...

Los valientes generales
corrieron a Juan Medina,
y engorda los coyotes
con aquella degollina...
Los valientes generales
derrotaron a Juan López,
y sus rápidos dragones
se los comieron los zopes...

Este trote a mí me gusta,
qué trote, qué trote...
Y qué tropa de los valles,
qué tropa, qué tropa...
Lado a lado pelearemos,
compadre en el pleito...

> Ah, que trote en esta tropa,
> qué trote, qué tropa...
>
> Vino después Mariano Álvarez
> matador del filibustero...
> para los toros de Olancho
> resultó un pobre ternero...
> Vino después Medinón
> a hacernos fusilancina...
> Medinón tiene una deuda
> y nos paga la Ahorcancina...
>
> Este trote a mí me gusta,
> qué trote, qué trote ...
> Y qué tropa de los valles
> qué tropa, qué tropa...
> Lado a lado pelearemos,
> compadre, en el pleito,
> Ah, que trote en esta tropa,
> qué trote, qué tropa...

La alegría del canto entusiasma a los pobladores de la Cueva de Piedra Blanca, y atenuándose el dolor de la tragedia, empieza a pensar en la revancha.

ALCALDE ROSALES. *(Alegrísimo).* Y Cinchonero, ¿qué se hizo...?

JULIÁN ESCOBAR. *(Alegrísimo).* ¡Viene para acá. Mañana llega! ¡Nos juntaremos para organizar y seguir la guerra...!

JOSÉ ANTONIO MEJÍA. *(Alegrísimo).* ¡Cinchonero es el jefe natural de la nueva revolución!

BRÍGIDO RUIZ. *(Alegrísimo).* ¡Y el segundo jefe natural es Cirilo Mendoza...!

ENGRACIA ARAQUE. *(Alegrísima).* ¡La fama de esos hombres es como la que tenían Antúnez y Zavala!

FIDELIA, SIMONA Y PASTORA. *(Alegrísimas).* Vamos a conocer a Cinchonero...

JULIÁN ESCOBAR. *(A las muchachas).* ¡Sí, mañana lo van a conocer! *(Gritando).* ¡Viva Cinchoneroooo! ¡Viva Cirilo y que viva Mendozaaa!

Vivas y aplausos en la cueva de Piedra Blanca.

JULIÁN ESCOBAR. ¡Y viva el Alcalde de Manto José María Rosales, Jefe del Gobierno Revolucionario de Olancho...!

Nuevos aplausos y nuevas vivas. Delirio en el grupo. Engracia Araque no se puede contener y corre, y abraza y besa al Alcalde Rosales.

ENGRACIA. *(Se dirige al grupo).* Perdonen ustedes... *(Al Alcalde Rosales).* Perdoname vos también...

Se sorprende el Alcalde Rosales.

ALCALDE ROSALES. ¿Y esto qué es...? Es la primera vez que me abraza y me besa... *(En broma).* Y cuando yo le he pedido besos y abrazos, no me da nada...

Risas de Todos.

***

Gritos en el fondo de la montaña. Los hombres van al borde del abismo con el grito convenido.

CINCHONERO. *(Asomando del abismo y hablando en broma).* Aquí están unos horcadores...
CIRILO MENDOZA. *(Asomando del abismo y hablando en broma).* Pues ya van a conocer los lazos en el pescuezo..

Saltan a la superficie. Se dan las manos. Y en grupo van al fondo de la cueva. Alegría de las mujeres.

ENGRACIA. *(En voz alta).* Ya los conozco de nombre, y por referencias este prieto es el tal Cinchonero y este indio es el tal Cirilo Mendoza. *(Girando el cuerpo).* Estas son mis hijas, me las cuidan, que también son "juidoras"...

CINCHONERO. *(A Fidelia).* Usted es la mayor. *(A Simona).* Usted le sigue. *(A Pastora).* Y esta es la chigüina de los mandados y los coscorrones.

Las tres ríen.

FIDELIA. Ya los conocíamos por referencias.
SIMONA. Están en su casa.
PASTORA. Yo les voy a nacer los cigarros y les voy a llevar el tizón prendido.
ENGRACIA. Mientras les preparo algo, conversen con los hombres.

Las mujeres se afanan. Los hombres conversan.

ALCALDE ROSALES. ¿Les costó dar con Piedra Blanca?
CINCHONERO. Nos trajo el jefe de los guanacos. De allí no más se regresó.
ALCALDE ROSALES. Nunca llegan los indios. Dejan en ese peñón las cosas que nos traen, y jamás falta nada.
CIRILO MENDOZA. Son unos venados para andar. Lo que más sorprende es la sutileza con que lo hacen.
ALCALDE ROSALES. ¿Qué noticias traen?
CINCHONERO. Seguir la guerra, horcanda a los horcadores.
ALCALDE ROSALES. Eso ya lo sabíamos...
CIRILO MENDOZA. Pero no saben el procedimiento. Se les hace saber que los contra-ahorcadores están en un lugar. Se les invita para que lleguen a él. Llegan, y los contra-ahorcadores ya no están allí. Y así van, vienen, vuelven, se cansan, y cuando ya están casi muertos de cansancio, se les saluda a la brava, y entonces conocen las delicias de los lazos.
ALCALDE ROSALES. Ese es un procedimiento...

CIRILO MENDOZA. Otro, llamarlos, llamarlos, siempre llamarlos y cuando al fin se cansan de seguir, y regresan, sorprenderlos con otro grupo de refresco.

ALCALDE ROSALES. *(Afirmando con la cabeza).* Es otro procedimiento...

CIRILO MENDOZA. Existen las emboscadas, los despeñaderos, las sorpresas, los disimulos, los engaños, las audacias...

CINCHONERO. Pero sin olvidar que lo principal es el hombre...

ALCALDE ROSALES. *(Con vivacidad).* Donde hay hombre, hay todo...

CIRILO MENDOZA. El hombre es un arma terrible...

JULIÁN ESCOBAR. Permítame una manito... Con tal que el hombre sea como Cinchonero y como el Alcalde Rosales, la guerra de Olancho puede durar años hasta lograr el triunfo.

BRÍGIDO RUIZ. Hasta yo que soy el menor, alentado por hombres como José María y como Serapio Romero, me siento tigre...

JOSÉ ANTONIO MEJÍA. Lo mismo digo yo.

CINCHONERO. La montaña nos va a dar el triunfo.

ALCALDE ROSALES. A Dios gracias, todos somos hombres de montaña.

CIRILO MENDOZA. Poco a poco la montaña le ganará a la ciudad.

JULIÁN ESCABAR. Nos están haciendo el favor de sumar nuestras fuerzas con el terror. Día a día aumentan los montañeses...

BRÍGIDO RUIZ. Y que le queda a la gente sino huir a los montes...

CINCHONERO. Vamos a organizar a los montañeses...Hay que tener fe. Vamos hacia el triunfo, a pesar de los reveses. Juro que algún día los llevaré victoriosos a Comayagua.

El grupo recibe con solemnidad el juramento de Cinchonero.

CIRILO MENDOZA. *(Informando).* Desde Agalta nos viene siguiendo un ahorcador con veinte números. En Jimasque se hizo de un chane que conoce estas montanas como sus manos... Este bandido se llama Guadalupe Cruz...

JOSÉ ANTONIO MEJÍA. Lo conozco... En el lugar le decimos Tata Lupe. Es medio tonto...

CIRILO MENDOZA. Tonto, malo...Por cualquier cosa, nuestra gente quedó allá abajo, al acecho, en una emboscada...
ALCALDE ROSALES. ¿Y si toman otra vereda...?
JOSÉ ANTONIO MEJÍA. Yo tengo casa en Los Ranchos... Soy cazador del Sursular, y no creo que haya senda distinta a esta de Quebrada Abajo...
BRÍGIDO RUIZ. Como no debemos estar con la boca abierta, la pregunta, don Toño, es si llegarán a no...
JOSÉ ANTONIO MEJÍA. Como está tapado el camino, vamos a oír los tiros...
JULIÁN ESCOBAR. *(En guasa).* Alabado sea el Santísimo... Ya me estaban dando miedo...
ALCALDE ROSALES. Yo siempre lo tengo por esas pobres mujeres...
CINCHONERO. Somos hijos de la muerte, don Chema.
ALCALDE ROSALES. Tenés razón, que llegue a la hora que se le antoje...
BRÍGIDO RUIZ. De milagro vivimos... Así es que seguiremos viviendo por milagro...
JOSÉ ANTONIO MEJIA. Mejor hablan de otra cosa...

Guardan silencio por segundos.

ENGRACIA. *(En voz alta).* ¡Ya está el almuerzo...! ¡Vengan a almorzar...!
ALCALDE ROSALES. Buen aviso. Vamos a almorzar...
CINCHONERO. *(Dándole palmaditas al Alcalde Rosales).* ¡Nuestro Alcalde Rosales...! ¡Nuestro Jefe Revoluciocionario de Olancho!
ALCALDE ROSALES. *(Contestándole las palmaditas).* Y vos son mi general en guerra de montaña... Te recomiendo a Pedro Fernández de Juticalpa y a Medinón de Comayagua...

Sin esperarlo nadie, por los lados de la cueva de Piedra Blanca saltan grupos armados, que ordenan la rendición de los rebeldes. Cinchonero y Cirilo Mendoza pelean aguerridamente y se abren paso con sus largas espadas. Les siguen Julián Escobar, José Antonio Mejía y Brígido Ruiz, descargando golpes con sus aceros.

Después del tumulto en la cueva de Piedra Blanca quedan cuatro mujeres llorando a gritos, de rodillas sobre el cuerpo de un hombre muerto. Los atacantes mataron al Alcalde José María Rosales, Jefe del Gobierno Revolucionario de Olancho, y con él terminan los grandes jefes de la revolución contra los diezmos y las primicias.

ENGRACIA ARAQUE. *(Con la frente apoyada sobre el pecho del Alcalde Rosales y con la voz ronca por el dolor).* José María... Te mataron, me dejaste... *(Levanta la frente).* Era más dulce que la miel de las colmenas... Era más cariñoso que el amor... Era de los hombres que se quieren toda la vida... *(Vuelve a apoyar la frente en el pecho del muerto).*
FIDELA. *(Llorando a gritos).* ¡Ay, papita querido te nos fuiste...! ¡Ay, papita de mi alma, nos dejaste en completa desamparo...
SIMONA. *(Llorando a gritos).* ¡Y ahora, papita lindo, qué hacemos en esta montaña...! ¡Qué hacemos, papita precioso, en Piedra Blanca...!
PASTORA. *(Llorando a gritos, con llanto de niño impúber).* ¡Ay, ay, ay, ay...! ¡Ay,ay,ay,ay...! ¡Ay, ay,ay,ay...!

TELÓN

NOTAS

TRES AÑOS DESPUÉS

Lo que aquí lleva el nombre de contra-terror fue la venganza del pueblo olanchano ejercida contra sus verdugos investidos de autoridad. La guerra de grupos se propagó en región, hasta llegar al asalto de Juticalpa, ejecutado por Cinchonero, en agosto de 1868, y quien se aprestaba a marchar sobre la Capital de la República, Comayagua, hecho que se frustró por la muerte del líder en el combate de La Cuesta del Cacao, a inmediaciones de San Francisco de La Paz.

ABOLICIÓN DE LOS DIEZMOS. Al cabo de ocho años, después de la muerte de Cinchonero, la Reforma liberal de Marco Aurelio Soto abolió los diezmos y las primicias de la Iglesia; las tributaciones coloniales del Estado y varias inicuas prestaciones de la hoy llamada iniciativa privada. Marco Aurelio Soto debía tener una hermosa estatua de mármol en Juticalpa, tanto por estas cosas como porque fue quien ajustició al autor del genocidio de la Ahorcancina.

www.ingramcontent.com/pod-product-compliance
Lightning Source LLC
Chambersburg PA
CBHW020248010526
44107CB00002B/160